かゆいところに手が届く
重度重複障害児教育

松元泰英

はじめに

　近年、周産期医療の発達などによる子どもたちの障害の重度・重複化、多様化の増加や学校教育への医療的ケアの導入により、特別支援学校での重度重複障害児に対する教育力の向上の必要性が叫ばれています。それに加えて、重度重複障害児に対する教育に必要な内容としては、ざっと取り上げただけでも、自立活動、摂食指導、コミュニケーション、ICT、教育課程、水泳指導、姿勢、補装具、医療的ケアなどの多くの内容が挙げられます。そのような背景から、前回、取りあえずこれ一冊読めば、重度重複障害児に対する教育が何とかなるというコンセプトで、『目からウロコの重度重複障害児教育』（ジアース教育新社、2018年）という本を書かせていただきました。その本に対する学校現場の先生方からの評価は、「重度重複障害の子どもでも教育の有効性があることが分かりました」「授業のコマよりも、学校生活一日のコマが大切であることが分かりました」「読みたい気持ちにさせてくれました」「重度重複障害児に対する教育を新しい視点から考えることができました」などの肯定的な意見や感想もいただけました。一方、反省点としては、「考え方は分かったけど、実践的な内容があまり記載されていない」「もう少し子どもの障害に応じた具体的な支援内容がほしい」「必要ない内容まで記載してある」などの指摘がありました。確かに、子どもの疾患の特性に対する具体的な内容が少なかったと反省しています。また、一冊に、多くの項目を網羅したこともあり、先生方によっては、必要としない項目まで、述べていたのも事実です。

　そこで、今回は、重度重複障害児教育の考え方より、具体的な支援方法をメインにした本書『かゆいところに手が届く重度重複障害児教育』を出版させていただきました。

　内容としては、「水泳指導」「補装具」の項目については省き、その分、「自立活動」「摂食指導」「医療的ケア」「コミュニケーション」に重点を置き記載してあります。

　『肢体不自由教育　連携で困らないための医療用語集』（ジアース教育新社、2015年）や『目からウロコの重度重複障害児教育』（ジアース教育新社、2018年）などと同様に、なるべく読みやすいように豊富な写真やイラストを入れてあります。また、専門用語についてはなるべく使わないようにすることで、重度重複障害児の教育が初めての先生方でも分かりやすく書いたつもりです。前作『目からウロコの重度重複障害児教育』では重度重複障害児教育の考え方を中心に述べましたが、今回は、重度重複障害児教育の実践的な指導内容について書いてみました。特に、子どもの疾患別にその指導内容を述べているのが特徴だと思います。もちろん、同じ疾患だとしても、その子どもの実態に応じて、指導内容は変える必要があります。そのため、必ずしもこの本に記載されている指導内容が適切とは限りませんが、疾患別に目標や内容の具体例を記載してあるので、その内容を基にしながら、子どもの実態に応じて、指導目標や指導内容を作成する一助になると思っています。

　今現在、目の前の子どもに対してどのような指導が必要なのかお困りの先生方には必見の本だと思います。是非、一読してみてください。

　最後に、前作同様イラストを描いてくださった燦燦社（さんさんしゃ）のさめしまことえ氏、並びにコロナ禍の中、危険も顧みずモデルを快く引き受けてくださった鹿児島国際大学の山下あみ氏と乾はるな氏、および出版にさいして労をいとわずにご尽力くださったジアース教育新社の編集部長舘野孝之氏と馬場美季氏には深く感謝申し上げます。

2022年5月　松元泰英

Contents

第4章　筋の緊張を緩める方法

第5章　各疾患やタイプ別の粗大運動についての目標や指導の在り方

第6章　コミュニケーション

第7章　医療的ケア

第8章　摂食・嚥下指導

※引用・参考文献は各章の末に掲載しています。

第1章

近年の研究から考える自立活動

① 脳性麻痺児の粗大運動

　近年、周産期医療の発達で超早産児や超低出生体重児などの子どもも救命できるようになりました。そのことも大きな要因となり、障害の重度・重複化した子どもが増加してきています。ちなみに、重度重複障害児が増えている大きな原因を挙げると、①周産期医療の発達、②不妊治療のための多胎児の増加、③高齢出産の増加等が挙げられます。今後もこの傾向は大きくは変わらないことでしょう。その障害の重度・重複化した子どもの多くを占めるのが、脳性麻痺児になります。この脳性麻痺児の粗大運動の発達については、図 1-1 のように、Rosenbaum（2002）が粗大運動能力尺度（Gross Motor Function Measure；GMFM）を用いて発達の変化を述べています。これを見ると、6 歳ぐらいまでは粗大運動は発達しますが、その後はプラトー（横ばい状態）になることが分かります。また、Hanna（2009）がその後の発達について述べ、図 1-2 のように、粗大運動能力分類システム（Gross Motor Function Classification System；GMFCS）Ⅲ～Ⅴのレベルの子どもでは、8 歳以降、粗大運動は低下することを示しました。これらの報告は、いずれもかなりエビ

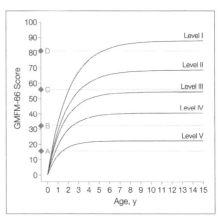

図 1-1
脳性麻痺児の粗大運動の経時的変化[1]

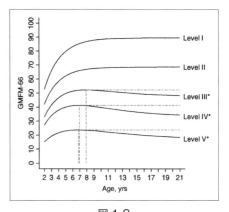

図 1-2
脳性麻痺児の粗大運動の安定性と低下[2]

デンスレベルが高い研究なので、日本の医学やリハビリテーション学でも、同様の結果が見られると思います。実際、学校で子どもに接していると、中学部や高等部の寝たきりの子どもの場合には、粗大運動の能力が徐々に低下していくのを実感している先生も多いのではないでしょうか。座位ができた子どもができなくなったり、寝たきりの子どもの身体の変形が進んできたりするのを痛感している先生も少なくないと思います。これらの結果から考えると、中学部や高等部では、脳性麻痺児の場合、粗大運動は伸びないということになります。つまり、粗大運動の目標は、現状維持が適切な目標になってしまいます。しかし、本当に粗大運動は伸びないのでしょうか。よく考えてみると、ここには評価のからくりがあるのです。つまり、この論文で活用されている評価は、GMFM です。もちろん、この評価には何の問題もありません。脳性麻痺リハビリテーショ

ンガイドライン第2版（2014）でも、この評価法は脳性麻痺児の粗大運動能力尺度の評価として推奨されています[3]。この評価の項目は、表1-1のように、例えば、四つ這いと膝立ちの項目では、「前方へ1.8m肘這いをする」、次が「手と膝で体重を支え、10秒間保持する」、その次が「上肢の支えなしで、座位になる」、このような評価項目が列挙されています。

表1-1　GMFMの評価項目[4]

項目C：四つ這いと膝立ち		
38.	腹臥位：前方へ1.8m肘這いをする	
39.	四つ這い位：手と膝で体重を支え、10秒間保持する	
40.	四つ這い位：上肢の支えなしで、座位になる	
41.	腹臥位：四つ這い位になる、手と膝で体重を支える	
42.	四つ這い位：右上肢を前方に伸ばし、手を肩のレベルより高く上げる	
43.	四つ這い位：左上肢を前方に伸ばし、手を肩のレベルより高く上げる	
44.	四つ這い位：前方へ1.8m四つ這い、または弾み這いをする	
45.	四つ這い位：前方へ1.8m交互性の四つ這いをする	
46.	四つ這い位：手と膝／足をついて、四つ這いで4段階段を登る	

　これらの評価項目から分かるように、この評価は、あくまでも子どもの粗大運動の能力や機能を測定するもので、子どもの日常生活が豊かになるかどうかの評価ではありません。このGMFMの評価で測定した場合には、脳性麻痺児の粗大運動は今現在の医学やリハビリテーション学では、伸びないと考えるのが妥当なのかもしれません。しかし、そのことと子どもの日常生活が豊かになることとは別のこととして捉える必要があるでしょう。つまり、GMFMの評価は日常生活の中での評価ではないため、評価での変容がそのまま子どもの生活の豊かさの変化を示すわけではありません。つまり、粗大運動の機能や能力が向上しなくても、設定した目標は達成できる可能性はあるのです。極端に言うと、子どもの粗大運動の能力や機能は伸びなくても、設定した目標が達成でき、学習上又は生活上の困難を改善克服できれば問題はないのです。分かりにくいかと思いますので、実際の評価項目を使って説明します。例えば、「前方へ1.8m肘這いをする」、この評価項目について考えてみましょう。この評価項目は、自分一人で、「前方へ1.8m肘這いができる」という粗大運動の能力を評価しています。そのため、寝返りや背這いで1.8m移動できたとしても、できたことになりません。しかし、日常生活で大切なことは、手段や方法はどうでもよく、1.8m移動できればおそらく問題はないと思います。そう考えると、肘這いで1.8m移動する必要はないのではないでしょうか。別に、背這いや寝返りであっても、1.8m移動できればおそらく事足りると思います。子どもの日常生活から想像すると、おそらく1.8mの移動ができることで、場所の移動が可能にな

る。または、好きなものを手に入れることができる、などの課題を達成できるのかもしれません。つまり、日常生活では 1.8 m 移動できることが大切で、移動手段はどんな方法を用いても良いと考えることができそうです。そう考えると、日常生活の場合には、1.8 m 肘這いができなくても、何かしらの手段で 1.8 m 移動できれば、この「前方へ 1.8 m 肘這いをする」の評価項目と同じ意味のある活動ができたとみなして良いでしょう。例えば、肘這いでの前方移動が難しい子どもの場合には、前方への移動は難しいが、側方への移動は可能かもしれません。その場合には、手足を使って左側か右側へ 90 度方向転換し、そこから寝返りで 1.8 m 移動できたら、「前方へ 1.8 m 肘這いをする」の評価項目と同じ意味のある動きができたと考えることができます。あくまでも GMFM の評価は、粗大運動能力や機能を測定することが目的です。この評価項目の内容は、そのままでは日常生活には適していない場合がほとんどです。子どもの生活を測るのは、子どもが生活している環境の中での目標でなければなりません。そう考えると、Rosenbaum や Hanna の研究結果はあまり気にする必要はないでしょう。しかし、脳性麻痺児の粗大運動の能力や機能が大きく伸びることはないということについては、頭の中に入れて目標を設定していくことが大切になってきます。

② 自立活動の考え方

　粗大運動の能力や機能が大きく伸びないという事実に基づいて、今後の自立活動はどのように考えていけば良いのでしょうか。少し話は変わりますが、ここからは、今現在のリハビリテーションの動向についてお話しします。日本では、以前は NDT（ボバース的アプローチ）、ボイタ法、上田法などが脳性麻痺児の粗大運動のリハビリテーションの中心として行われていました。しかし、その効果については、有効性がはっきりしないとされています。脳性麻痺児へのリハビリテーションは、このような手技や方法を重視したリハビリテーションから、現在はコンセプトや概念を中心としたリハビリテーションへ移行しつつあります。例えば、Ketelaar ら（2001）は、Functional therapy program を 2 歳から 7 歳までの軽度または中等度の脳性麻痺 55 名に実施し、リハビリテーションのための子どもの能力低下評価法（Pediatric Evaluation of Disability Inventory；PEDI）[5] を用いて有効性を報告しています[6]。このプログラムはリハビリテーション担当者と両親、子どもとで、機能的な目標を設定し、できるだけ実際の場面に近い環境で繰り返し練習する方法になります。また、Ahl ら（2005）は、脳性麻痺児 14 名に対し、日常生活の中で特定の目標を設定し、一日 2 〜 23 回の訓練を行うことで目標の 77％ が完全に達成され、日常生活動作の改善や家族の援助も減少したと報告しています[7]。さらに、Salem ら（2009）は、課題指向型筋力トレーニング（Task-oriented training）の有効性を脳性麻痺児の 10 名対象に GMFM などで評価し、下肢の強化に焦

点を当てた課題指向型群が、従来の理学療法を受けた群と比較し、優位に改善したと述べています[8]。また、Löwing ら（2009）は、脳性麻痺の未就学児を対象に、12 週間の目標指示型機能療法（Goal-directed functional therapy）と活動中心の療法を行い比較し、GMFM と PEDI の両者の値で、有意に目標指示型機能療法を受けた子どもの方が改善していたと報告しています[9]。このような内容は、いずれもエビデンスレベルの高い内容になります。以上のことをまとめてみると、以前は、特定の手技や方法が脳性麻痺児の粗大運動の発達に対するリハビリテーションとしては主流だったのですが、近年は、手技や方法よりも考え方及び子どもの意欲や環境の設定などが、より有効性を示しているという事実が明らかになってきました。

つまり、脳性麻痺児の粗大運動の発達を促すリハビリテーションとして、今までの子どもの運動能力や機能そのものに焦点を当てた手技や方法を中心としたリハビリテーションから、近年は、子どもや親にとって有益な目標を設定し、その目標に直接アプローチしていく方法へと変換されつつあり、またその有効性が認められているということになります。しかし、Bar-Haim ら（2010）は、障害が軽度の場合には、NDT よりも、日常生活における環境での運動学習が有効であったと報告していますが、障害が重い場合には両者の差は認めていないと述べています[10]。つまり、子どもの意欲や必要性、環境設定の効果は、同じ脳性麻痺であっても、障害の重さの違いにより、有効性に差異が生じ、障害が重くなるほど、手技や方法が大きく影響してくることを示しています。

このような近年の研究から、自立活動はどうあれば良いのでしょうか。自立活動の目標は、平成 29 年 4 月の特別支援学校（幼稚部教育要領、小学部・中学部）学習指導要領に「個々の児童又は生徒が自立を目指し、障害による学習上又は生活上の困難を主体的に改善・克服するために必要な知識、技能、態度、及び習慣を養い、もって心身の調和的発達の基盤を培う」と記載してあります[11]。これから分かるように、子どもの主体性を大切にした学習活動です。また、「学習上又は生活上の困難を改善・克服する」となっていることから、子どもの運動能力や機能自体を改善するのではなく、子どもと課題や環境との相互関係からの困難を改善・克服することを目標としています。さらに自立活動は、「自立活動の時間における指導」と「学校の教育活動全体を通じて行う自立活動の指導」とが両輪で実施されることから、学校生活における環境要因を重視しています。このように、自立活動の考え方は、近年の脳性麻痺児に対する有効性の高いリハビリテーションの方法や考え方に非常に酷似していることが分かります。

以上のことより、今後の自立活動には、以下のような考え方が必要になってくるでしょう。

・自立活動の指導として、学校生活の流れや環境を重視した「学校の教育活動全体を通じて行う自立活動の指導」の効果が十分に期待できる
・脳性麻痺児の粗大運動の発達を促すには、障害による学習上又は生活上の困難に直接アプローチしていく課題指向型プログラムを重視した自立活動が有効である

・「自立活動の時間における指導」では、環境要因を重視しながら指導目標である活動を行う必要がある。そのため、理想的には目標とする活動を行う場所で「自立活動の時間における指導」は実施すべきで、それが難しい場合には、同じような疑似空間を設定し、その環境で実践することが重要になる

・脳性麻痺児の運動機能が重度化するに従って、「学校の教育活動全体を通じて行う自立活動の指導」から手技などを活用した「自立活動の時間における指導」を中心とした自立活動へ移行していく必要がある

引用・参考文献

1) Rosenbaum P, Walter S, et al.: Prognosis for gross motor function in cerebral palsy: creation of motor development curves. JAMA 288（11）: 1357-1363,2002.

2) Hanna S, Rosenbaum P, et al.: Stability and decline in gross motor function among children and youth with cerebral palsy aged 2 to 21 years. Dev Med Child Neurol 51 : 295-302,2009.

3) 日本リハビリテーション医学会 監：脳性麻痺リハビリテーションガイドライン第2版．金原出版，2014.

4) 近藤和泉，福田道隆 監訳：GMFM 粗大運動能力尺度．医学書院，2000.

5) 里宇明元，問川博之，近藤和泉 監訳：PEDI─リハビリテーションのための子どもの能力低下評価法─．医歯薬出版，2003.

6) Ketelaar M, Vermeer A, et al.: Effects of a functional therapy program on motor abilities of children with cerebral palsy. Phys Ther 81:1534-1545,2001.

7) Ahl LE, Johansson E, et al.: Functional therapy for children with cerebral palsy: an ecological approach. Dev Med Child Neurol 47 : 613-619,2005.

8) Salem Y, Godwin EM : Effects of task-oriented training on mobility function in children with cerebral palsy. NeuroRehabilitation 24 : 307-313,2009.

9) Löwing K, Bexelius A, et al.: Activity focused and goal directed therapy for children with cerebral palsy: do goals make a difference? Disabil Rehabil 31（22）: 1808-1816,2009.

10) Bar-Haim S, Harries N, et al.: Effectiveness of motor learning coaching in children with cerebral palsy: a randomized controlled trial. Clin Rehabil 24（11）: 1009-1020,2010.

11) 文部科学省：特別支援学校 幼稚部教育要領 小学部・中学部学習指導要領．海文堂出版，2017.

第2章

子どもの実態把握と目標設定

① 実態把握の考え方

　実際の目の前の子どもに対して、どのように実態把握を行いながら指導目標を設定することが必要でしょうか。

（1）実態把握の考え方

　目の前に寝たきりの子どもがいる場合の実態把握について考えてみましょう。

- ・体は左右対称か・・・左右差はないか
- ・骨盤の傾斜はないか
- ・変形拘縮がある箇所はないか
- ・頭部の向きは決まっていないか
- ・関節の可動域はどの程度か
- ・意図的に動く箇所はあるか
- ・認知レベルはどのくらいか
- ・コミュニケーションの能力はどのくらいか
- ・呼吸状態はどうか
- ・医療的ケアは実施しているのか

図 2-1
脳性麻痺児の特徴的な変形[1]

などなど、たくさん出てくると思います。

　子どもの実態を把握する力は、上記のような内容を考えながら、毎日子どもと向き合うことで自然と養われていきます。やはり、毎日の積み重ねが大切です。それとともに大切なことは、実際に子どもに触る前に、子どもの状態像を予想することです。その後、その予想が正しかったのか、触りながら確認してください。そうすることで、子どもを見る目が養われていきます。例えば、目の前に図 2-1 のような子どもがいた場合、どのようなことが想定できますか。もちろん、実際に子どもに触れてみると全く違っていることも少なくありません。それはそれでとても良い気付きになります。

　それでは、具体的に考えてみましょう。

　この図 2-1 は、脳性麻痺児の特徴的な体の変形で「風に吹かれた股関節」（P39 を参照）と呼ばれる姿勢になります。この状態からどういうことがいえるか考えてください。いかがですか。どの程度予想できましたか。

　体の基本は左右対称です。

- ・肩の高さが違い、左右非対称の体になっています。ということは、側弯などがあるかもしれません
- ・頭の向きは、一側方向で、おそらく逆向きにはならないのではないでしょうか。常に同じ方向を向いていると考えられます

・肩関節の拘縮のため、万歳の姿勢はとることができないと思います。そのため、呼吸状態も安定していないでしょう

・肘関節を伸ばすことが難しいと思います

・手首の関節は拘縮し可動域は狭く、指も伸びないと考えられます

・右側に凸の側弯があり、左側の凹部は、骨盤と胸郭がこすり合っているかもしれません

・骨盤の左右の高さが違い、高い方の股関節は脱臼している可能性があります

・膝関節はおそらく伸ばすことは難しいでしょう。足関節もおそらく可動域がかなり狭くなっていると思います

いかがだったでしょうか。

もしかすると、もっと子どもの実態を予想できた先生もいらっしゃることでしょう。ある程度予想できたら実際に子どもに触れてみましょう。

一側方向に頭部が固まっている場合には、向いている反対側が凸に、顔が向いている側は凹になり、その下の股関節が脱臼している割合が高いといわれています。こういうこともある程度は頭に入れながら、子どもに触れていきます。触ると、意外と予想外の体だったりします。そのことが、教師の新しい気付きを育ててくれます。大事なことは、予想し、その予想が正しいのか、触れていくことを繰り返すことです。この繰り返しの活動が、子どもの実態を把握する力を育ててくれます。もちろん、子どもに触らないと、子どもの体は分かりません。最初は、触っても分からないことが多いかもしれませんが、そのうちに何となく分かってきます。図 2-1 の場合には、脳性麻痺の特徴的な変形拘縮が見られた子どもになります。この図と全く同じという子どもは少ないと思いますが、この状態に近い子どもは、中学部や高等部では見かけることがあるのではないでしょうか。ここまで変形や拘縮が進むと、あまりにも気になる箇所が多すぎて、どこから対応すべきか、またはどのように対応してよいのか難しいと思います。まずは、子どもがこのような状態にならないように、低学年のうちからきちんとした対応を行っていくことがとても重要です。子どもが登校してから帰るまでの多くの時間が教師には用意されています。この時間をどれだけ有効に活用できるかが教師の専門性と言って良いでしょう。もちろん、子どもにとっては下校後の病院でのリハビリテーションや家庭での過ごし方も重要であることは言うまでもありません。しかし、教師として直接指導ができるのは子どもが学校にいる時間です。教師にとってはこの時間にいかに効果的な指導ができるかにかかっています。

（２）具体的な実態把握

それでは、部分的に体を見てみましょう。

①　頭部及び首

・頭部に変形はないか・・・小さいころから、同じ方向に頭を向けていると、どうし

ても頭部は変形してきます。頭部が変形した子どもの場合には、自分自身で頭部を動かせないか、またはベッドの場所など、環境的に同一方向だけを見るように寝かされていた可能性があるかもしれません

・頭部が胸の方へ曲がるか（写真2-1）・・・後頸部がゆるめられるかということになります

・頭部が他動的でも左右を向くか

・努力呼吸になっていないか。鼻の場合には鼻翼呼吸（図2-2）です

写真2-1　頸部の前屈

頭部の向きが体の変形に大きく関係することは、前に述べている通りです。また、常に一方向しか向けない場合には、決まった刺激にだけさらされ、より多くの刺激を受ける機会を失っているということになります。

② 体幹

胸郭の変形について見ていきます。

・胸郭が薄くなっていないか・・・薄くなっている場合には、今まで仰臥位でのみ生活し、重力で胸がつぶれている可能性があります

図2-2　鼻翼呼吸

図2-3のように陥没呼吸になっていないか・・・いずれも、努力呼吸の結果なので、呼吸状態がよくないことが分かります。

・前から見て、肩の高さに左右差がないか、あれば側弯が疑われます・・・側弯を確認したい場合には、腹臥位にしたほうがはっきり分かります。もちろん、前弯後弯の可能性も調べる必要があります。側弯がひどい場合には、肺や胃などの内臓に悪影響を

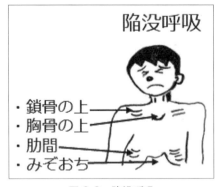

図2-3　陥没呼吸

与えます。胸部の側弯は、肺の機能低下を引き起こし、腹部の側弯の場合には、横隔膜へ影響し、図3-7（P30参照）のような食道裂孔ヘルニアを引き起こすかもしれません。そうなると、胃食道逆流が起こりやすくなり、食物や胃液の逆流、さらに逆流したものの誤嚥により、誤嚥性肺炎を起こすことも考えられます。

③　上肢

　上肢の可動域は、肺機能や ADL 及び主体的な活動に関係してきます。

- ・万歳の姿勢がとれるか・・・これはとても重要です。上肢が上がらないということは、深い呼吸が難しくなります
- ・左右の肩の高さは対称か
- ・肘はしっかり伸びるか
- ・手のひらは上を向くか
- ・手首は、内側に曲がっていないか
- ・手のひらはきちんと開くか

　上肢の拘縮は、日常生活での着替えを難しくします。また、上肢を使えないことは、子どもの自主性や主体的な行動を抑制することにもつながるでしょう。

④　下肢

　脳性麻痺の場合、下肢に最も障害が多く見られます。

- ・股関節は開くか・・・股関節が開かないと、おむつ替えに大きな支障をきたします
- ・脱臼はしていないか・・・脱臼している場合には、立位や膝立ちなどの抗重力位が難しくなります。また、脱臼での痛みがあると、日常生活もままならなくなるでしょう。もちろん、股関節の可動域の程度により、衣服の着脱についても支障が出てきます。どの程度まで曲がるか。または伸びるか。膝はしっかり伸びるか、または曲がるか・・・膝裏が拘縮している場合には、仰臥位では、どちらかに膝が倒れ、風に吹かれた股関節（図 2-1：P20 参照）の姿勢になり、股関節の脱臼や体のねじれ、側弯が生じます
- ・足首は甲の方や足裏の方に曲がるか・・・足関節の拘縮は、ズボンの着脱や靴を履くことの難しさにつながっていきます

❷　目標設定

　肢体不自由児の目標設定は知的障害児と比較するとかなり難しいと思います。なぜ難しいのでしょうか。その一番の理由は、子どもの動きが少ないからだと考えられます。動きが少ないことは、子ども自身は困りますが、周りの人は、それほど困らない場合が少なくありません。つまり、子どもが移動する代わりに、保護者が移動させてあげればいいのです。特に、子どもがまだ小さい頃は、お母さんやお父さんが子どもを抱いて、移動させることはそれほど難しいことではないでしょう。一方、知的障害の子どもの場合には、動きが多く、また問題行動が見られたりするため、目標として最初に、問題行動をどのようにしたら止めさせられるかを考える場合が少なくありません。次に、一般の人と同じような自立や社会参加を目指すという流れで、目標は設定されるのではない

でしょうか。そこから逆算して、今子どもにとって何が必要なのかを考えていくケースが多いと思います。しかし、肢体不自由児、特に重度な障害の了どもの場合、まず、何が自立なのかが難しい問題です。特別支援学校教育要領・学習指導要領解説自立活動編（幼稚部・小学部・中学部　平成30年3月発行　文部科学省）のP49に自立とは、「児童生徒がそれぞれの障害の状態や発達の段階等に応じて、主体的に自己の力を可能な限り発揮し、よりよく生きていこうとすること」と書いてあります[2]。この内容から、重度重複障害児の子どもの自立した像を描くことができるでしょうか。なかなか具体的にはピンとこないと思います。子どもの自立した姿は、子どもの実態や状態、疾患、また教師や保護者により大きく違ってくるのではないでしょうか。そういうこともあり、子どもにどのような力を育成していけば良いのかが分からない場合が少なくありません。ここが、重度重複障害児の教育の難しい点だと思います。目の前の子どもに何をしていけば良いのか、これが分かれば、重度重複障害児の教育をかなり熟知している教師といっても良いのかもしれません。

三つの視点

　それでは、重度重複障害児に対して、どのような目標を設定すれば良いのか考えていきましょう。障害が重く寝たきりの子どもがいる場合には、第一に健康の保持がきちんとできているか。または、できるようにすることが大きな目標になると思います。これはおそらく異論のないことと思います。それでは、次に行うことは何でしょうか。おそらく、寝たきりの子どもの場合には、子どもの疾患にもよりますが、粗大運動の発達や向上を目指すことはかなりハードルが高いでしょう。今後予想される変形や拘縮の防止を考えることが妥当でしょう。また、経口摂取を行っている子どもはもちろん、経管栄養の子どもであっても、口腔機能の維持向上を目指すことは誤嚥防止の点では必須です。それとともに、コミュニケーションや認知面の促進を考えていくことになると思います。

　私の場合には、基本的には次の3点を考えながら目標を設定しています。

　・今現在、健康面を中心に困っていることへの対応を行う
　　実態・・・陥没呼吸などが頻繁に見られ、呼吸状態がよくない
　呼吸状態を改善するには、小まめな姿勢変換や体位ドレナージ（図7-7, 8：P133参照）、呼吸リハビリテーションの導入などが考えられます。また、パルスオキシメーターで値を測定し、その値によっては、医療的ケアや経鼻エアウェイなども視野に入れる必要があるかもしれません。
　　実態・・・食事中によくむせているし、時々発熱がみられる
　食事中のむせとともに、発熱がみられる場合には、誤嚥が許容範囲を超えている可能性があります。食事中のオーラルコントロールや姿勢の調整を行っても変わらない場合には、保護者と連携を図り、一度誤嚥検査を行うことが必要でしょう。

・今後、予測されることへの対応を行っておく

これについては、教師が意外と忘れている場合が多く要注意です。

　実態・・・脳性麻痺で、寝たきりで入学してきている。今現在は、食事では誤嚥らしきものは感じられない。体も左右対称で、呼吸状態も悪くない

　入学した時の子どもの体や健康の状態が、小学部高学年ぐらいから、急変してくることはよくあることです。脳性麻痺児の場合、中学部以上になると、後頚部も長くなり、誤嚥のリスクも増えていくと思われます。また、体の成長と共に、筋緊張や左右の筋のアンバランス等から側弯等の変形が出てくることは予想できます。入学したころから、左右の側臥位、腹臥位、介助座位などを常に行うことで、変形拘縮の予防、また、誤嚥していない状態でも、オーラルコントロールがいつでも始められるように、口腔周辺の脱感作やバンゲード法等による口唇や舌への積極的なアプローチはかかせません。

・子どもの持っている良い点の活用を行う

　実態・・・指先がある程度動く、また目はおそらく自由に動いている

　子どもの持つ素晴らしい点を活用して、子どもを伸ばしていくことは、教育の基本です。指先が動く、目が自由に動いているようだ。これらは、AAC の導入を期待させます。子どもの実態に合わせて、スイッチや視線入力の活用も視野に入れてのアプローチが必要でしょう。

　もちろん、この例のような子どもはほとんどいないと思います。しかし、重度重複障害児を担当している先生方には、上記の 3 点を常に頭に入れながら指導目標や指導内容の設定を行っていくことが必要不可欠だと考えています。

引用・参考文献
1）今川忠男：発達障害児の新しい療育. 三輪書店，2000.
2）文部科学省：特別支援学校教育要領・学習指導要領解説　自立活動編（幼稚部・小学部・中学部）. 開隆堂，2018.

第3章

重度重複障害児の
変形や拘縮への
対応のポイント

重い運動障害のある子どもは、進行性である筋ジストロフィーや脊髄性筋萎縮症に限らず、成長と共に、筋緊張異常などが原因で股関節脱臼や側弯などの変形や拘縮が見られ始めます。このような変化は図3-1のように、体の多くの部位で複雑に絡み合っています。もし、変形や拘縮を止めることができれば、このような状態像の悪循環を断ち切るきっかけになるかもしれません。

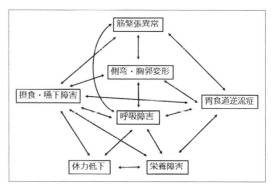

図3-1　体の状態像の相互関係
文献2）のP72を筆者が一部改変

1 股関節脱臼

（1）股関節脱臼とは

　重度重複障害児の場合、多くの子どもに問題となってくるのが、股関節の脱臼です。早い場合には、2歳前後から生じ、5〜7歳までに生じることが多いとされています。股関節脱臼は、中途障害者の場合には、ほとんど発生することはありません。先天性の障害を有する子どもに特に多い症状と考えることができるでしょう。なぜ、股関節脱臼は子どもに多い症状になるのでしょうか。股関節は、骨盤と大腿骨をつないでいて、図3-2のように、骨盤の方は臼蓋、大腿骨の方は大腿骨頭

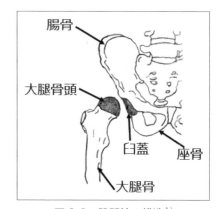

図3-2　股関節の構造[1]

で接しています。この2つの骨はそれぞれに、成長線（骨が成長する部分）を持っていて、臼蓋部の成長は大腿骨頭からの荷重刺激により形成され、15歳過ぎには成長が終わります。つまり、臼蓋の形成には、小さいころから、この部位への刺激が必要になります。しかし、重度重複障害児の場合には、ほとんどが立位や歩行などの経験がないことにより、臼蓋への荷重刺激が不足しています。そのため、臼蓋が大腿骨頭を入れるだけの適切な形を形成できず、大腿骨頭が外れやすくなるのです。聞かれたことがあると思いますが、このように臼蓋が形成されていない状態を臼蓋形成不全といいます。

（2）股関節脱臼への対応

　股関節脱臼への対応としては、なるべく早い時期から股関節へ荷重をかけることが重

要です。学習内容としては、図3-3のように、片足を伸ばし、もう片足を屈曲させることや図3-4のように、外転させることも有効です。また、図3-5のように、四つ這い位にさせて、股関節に圧をかけることも効果があります。もちろん、立位台を使った立位などは、股関節に荷重を加えるため、脱臼予防につながります。

図 3-3　股関節への対応１[1]　　図 3-4　股関節への対応２[1]　図 3-5　股関節への対応３[1]

② 側弯

（1）側弯とは

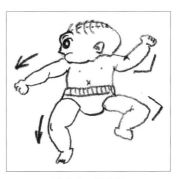

側弯は筋緊張の左右差や図3-6のような非対称性緊張性頸反射（ATNR）などの病的反射などにより生じる場合と体の支持性が不十分で起こる場合があります。一般的に、障害の重い寝たきりの子どもほど、発生率が高いといわれていて、小児期から思春期に急激に進行します。二十歳過ぎるころには進行は止まってくることが多いようです。もちろん、側弯に限らず、前弯や後弯などへ変形する場合も少なくありません。また、どの部位に側弯が起こっているかで、子どもの体に対する影響も変わってきます。

図 3-6　ATNR

・胸部側弯・・・この場合には、呼吸への影響が考えられます。側弯により、気道を圧迫すると閉塞性呼吸障害（P130参照）となり、一方胸郭の変形や呼吸筋の拘縮が起こってくると、拘束性呼吸障害（P130参照）が起こります。

・腰部側弯・・・腹腔が狭くなり、横隔膜が挙上し、胸部を圧迫することになります。また、胃食道逆流や図3-7のような食道裂孔ヘルニアの原因にもなる場合もあります。

・前弯・・・前弯の変形が強くなると、消化管が圧迫され、便秘や図3-8のような

上腸間膜動脈症候群などを引き起こし、消化器官のイレウス（通過障害）を起こすことがあります。

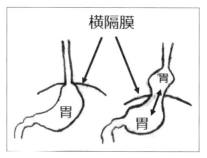
図 3-7　食道裂孔ヘルニア[2)]

（2）側弯への対応

① 姿勢変換での対応

　側弯の発症の予防には、体の対称性を確保した適切な座位の経験が有効であるとされています。また、側弯がある場合の対応姿勢としては、側臥位がよく導入されます。側臥位での一般的な枕の高さは、写真 3-1 のように背中側から見てまっすぐになることが基本ですが、これを基本として、側弯の凸側を上にした場合には、枕を低くくし、凸側を下にした場合には、枕を高くした方が接地面は安定します。本により、凸側が下だったり、凹側が下だったり、色々な方法が述べられていますが、凸側が下になると、一点支持になるので、痛みがくることがあるようです。姿勢変換による側弯への対応の場合には、まずある程度の時間、子どもが受け入れられる姿勢なのかを確認しないといけません。姿勢変換を行った後の子どもの表情をよく観察してください。また、体の大きな子どもの場合には、姿勢変換も簡単にはいきません。例えば、側弯のある大きな子どもの凹側を下にした場合の姿勢変換の一例を示します。

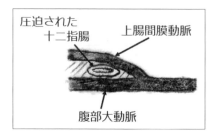
図 3-8　上腸間膜動脈症候群[2)]

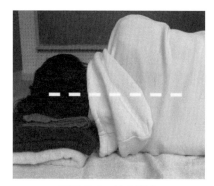
写真 3-1　枕の高さ

　・凹側を下にした場合、頭部と体の上の部位を支えながら、徐々に本人の重さを加えていきます。その場合、脇の下に手を入れながら、少し引き上げるようにすると効果があります。（図 3-9）
　・凹側の骨盤を下の方からゆっくり伸ばして体の接地面を増やし、安定した側臥位へ姿勢変換します。（図 3-10）
　・呼吸に合わせて、凸側肋骨の動きを介助し、呼吸状態を改善します。（図 3-11）
　側臥位は崩れやすいので、クッションやタオルなどを活用して、安定した姿勢を確保してください。

② ストレッチでの対応

　体がそこまで大きくない子どもの場合には、様々な姿勢をとらせながらストレッチを行うことが可能です。図 3-12 のように、子どもの凸側を自分の体に当て、骨盤と脇の

図3-9　姿勢変換での対応1

図3-10　姿勢変換での対応2

図3-11　姿勢変換での対応3

下に手をあてながら広げていきます。このとき、子どもの股関節や脇の下に接している自分の両膝を広げていくことで、かなり凹側が広がりやすくなるでしょう。また、腹臥位で行うことで、股関節や首が屈曲になり、子どもの力が抜けかなりやりやすくなるはずです。注意しないといけないことは、子どもの表情が見えません。できれば、他の先生に見てもらうか、子どもの顔の下に鏡を置くことで子どもの表情を把握していきます。側弯の場合には、単に横に曲がっているだけではなく、斜めに走る筋などの影響を受け、背骨がねじれていることも少なくありません。そのため、図3-13や図3-14のように、背骨にひねりを加えながら、体を広げていきます。子どもの股関節が開く場合には、図3-15のように、脚で子どもの下肢をブロックすると、側屈がやりやすくなります。また、頭部の向きが側弯に影響していると考えられているため、適切な予防策の一つとして、なるべく頭部の向きが左右どちらかに偏らないように気を付けることが大切です。さらに、安定した座位を定期的にとることも重要になります。左右対称の安定した座位は、側弯予防に有効であるとともに適切な呼吸状態を提供します。変形や拘縮は出現してからはなかなか進行を止めることは難しく、体や上肢、下肢の対称性を維持していくことで、できる限り発症を遅らせることが重要です。ストレッチや体操は、側弯に対する効果については明確な根拠がないといわれています

図3-12
ストレッチでの対応1[3]

図3-13
ストレッチでの対応2[3]

図3-14
ストレッチでの対応3[3]

図3-15
ストレッチでの対応4[3]

が、子どもが嫌がらなければ、ストレッチを教師が行うことは、子どもの体を深く理解する手立ての一つになることは間違いありません。教師は子どもの体に触れることで、今まで気付かなかったことを新たに発見することも多いはずです。

③ 肩関節の拘縮予防

　下肢や側弯については、こまめに子どもの状態をチェックしていても、肩関節については意外と見落としていることがあります。肩が過剰に内側に入ってしまい、そのままの状態で拘縮している子どもを見かける場合も少なくありません。この状態

写真 3-2
肩関節の拘縮予防 1[1]

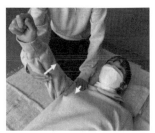
写真 3-3
肩関節の拘縮予防 2[1]

で拘縮すると、胸郭の開きを制限し、呼吸を浅くすることにつながります。肩関節への対応としては、写真 3-2 のように、枕の高さを少し高くし、仰臥位で肩関節を外側に広げていきましょう。また、写真 3-3 のように上肢を上げていきますが、このとき上腕骨の骨頭が上がってこないようにしっかりとブロックします。骨頭が上がってくるようであれば、それ以上は上げていくことをやめましょう。さらに、写真 3-4 のように、肘を支えて、脇を開いていく動きもやってみてください。

写真 3-4
肩関節の拘縮予防 3[1]

④ 基本的な介助や支援の在り方

（1）抱き方

　重度重複障害児の担任の場合には、日常的に子どもを抱いていると思いますが、きちんとした抱き方については、意外としっかり習ってはいないのではないでしょうか。抱き方は、一つではありません。子どもの状態により、抱き方を変えることが必要です。

① 緊張の強い子どもの場合

　緊張の強い子どもの場合には、図 3-16 のように、骨盤と

図 3-16　抱き方 1[5]

背中をしっかりと支えながら、股関節、膝関節を屈曲させて、子どもが反ってくるのをブロックします。なるべく、子どもに密着し子どもとの接地面を大きくすることで、子どもの緊張を和らげるようにします。また、緊張を強くしている原因を探り、それに対する対策を考えていきましょう。

②　低緊張の子どもの場合

　低緊張の子どもの場合には、頭を支えるために、腕で首の後ろをブロックしながら、脇の下に通し支えます。また、抱っこしたときに、図3-17のように腕が外側に垂れ下がる場合も少なくありません。抱っこする前に子どもの腕を子どものお腹に乗せることを忘れないようにしてください。また、低緊張がひどい場合には、子どもが滑り落ちないように、服を握るか、二人で行う方が安全です。

図3-17　抱き方2[5]

③　脱臼している子どもの場合

　股関節が脱臼している子どもの場合には、脱臼している足が教師側になるようにします。どうしても脱臼している足が外側になるときには、膝関節を引っ張らないようにし、脱臼している足が内側に入らないようにしましょう。

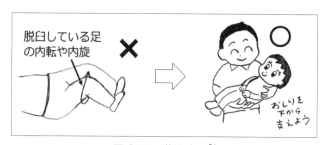

図3-18　抱き方3[5]

図3-18のように、膝関節の部分から腕を通し、おしりを下から支えることで、股関節に負荷がかからないようにします。

④　体の大きな子どもの場合

　注意しないといけないことは、無理に自分一人で抱っこしようとしないことです。もちろん子どもの安心安全が一番ですが、教師自身も腰や腕を痛めることになり、休養する必要もでてきます。無理せずに二人で介助しましょう。二人での介助の仕方は、図3-19のように、下肢と腰を持つ人と首と腰を持つ人に分かれるやり方が一般的です。この場合には、下肢を持つ人が、子どもの腕

図3-19　二人での抱き方[4]

が落ちないように支えます。また、息が合うように、必ず声掛けしてください。

（2）着替え

　座位が可能で、両腕の動きに問題がない場合には、着替えは特に問題ないと思います。

しかし、何らかの原因（両手で介助しないと座位できない、人工呼吸器を使用しているなど）で座位ができない場合には、着替えがかなり難しいのではないでしょうか。

・上着を着る場合（前開きの場合）

　　動きにくい腕から衣服に通します。

　　子どもを横向きにし、背中の部分を通します。

　　動きやすい方の手を通して、衣服を伸ばします。

・上着を着る場合（かぶりタイプの場合）

　　動きにくい腕を衣服に通します。

　　首を通す際には、衣服の襟ぐりをたぐり寄せて頭を入れます（図3-20）。

　　動きやすい側の腕を通します。

図3-20　着替え1[5]

・上着を脱ぐ場合

　　着るときとは逆に、動きやすい方の腕から脱いでいきます。

・ズボンの着脱

　　脱ぐ場合には、膝を立て、腰からズボンを下げます。

　　はく場合には、両足を入れたら、徐々に引き上げおしりの部分まで持ってきます。

　　おしりの部分のズボンを引き上げるには、横向きにしておしりを入れます。（図3-21）

図3-21　着替え2[5]

❺ 姿勢変換と姿勢

　重度重複障害児の場合には、多くの子どもが自分自身で姿勢変換を行うことが難しく、保護者や教師の支援により、姿勢を変えてもらうことが少なくありません。この姿勢変換の有効性について考えてみましょう。

（1）姿勢変換の考え方

　学校生活において、様々な機能的な姿勢をとることは、変形拘縮予防や健康の維持向上、さらには学習の効率化などにつながっていくはずです。また、抗重力位は、股関節の形成や呼吸状態にも良い影響を与えながら、子どもの活動を促進する姿勢にもなります。このように、重度重複障害児の場合には、教師の行う姿勢変換と姿勢自体が健康の維持向上はもちろん重要な学習内容になってきます。私たちは、ややもすると子どもに直接教えたり接したりしていないと、子どもを学ばせているという意識がないかもしれません。しかし、重度重複障害児の場合には、私たちがとらせた姿勢を変えることが難

しく、教師の姿勢変換をよりどころとし、周りの環境からの刺激を受け入れることになります。つまり、教師の設定した姿勢での環境刺激を受けながら、子どもは成長していきます。このように、教師が行う姿勢変換は、重要な学習内容を子どもに提示していることになるのです。つまり、教師は子どもが学校にいる限りは、常に適切な学習内容を提示することが可能なのです。それぐらい自分で姿勢を変えられない子どもにとっての姿勢変換や姿勢は学校でのとても大切な学習内容の一つになっています。

（2）仰臥位

　重度重複障害児の場合には、仰臥位で多くの時間を過ごしている場合が多いと思います。

　この姿勢は良い点も少なくありません（表 3-1、P38参照）。しかし、どんな姿勢でも、同じ姿勢を長く続けると体に悪影響を及ぼします。特に、仰臥位の場合には、健康を損なう可能性があります。仰臥位の基本は、図3-22 のように、三角ウェッジ等で状態を少し起こし、膝関節の下に、クッション等を入れることで、股関節や膝関節を屈曲させて、左右対称の姿勢にします。

図 3-22　仰臥位[5]

図 3-23　不安定な側臥位[4]

（3）側臥位

　子どもに応じた適切な側臥位はかなり有益な姿勢となります。しかし、安定した保持が難しい姿勢でもあり、図 3-23 のようにクッションだけだと、側臥位ではなかなか安定した状態を保持できません。その場合には、図 3-24 のように、バスタオルとクッションを効果的に活用し体を安定させます。下の足に上の足の重みが重ならないように、足の位置をずらし、また、上肢の重さはクッション等で逃がしていきます。これでも、姿勢が安定しない人は、側臥位ポジショナーを活用するのも一つの方法です。また、イーコレ・ベーシック（龍野コルク工業株式会社）写真 3-5 を活用すると、子どもの姿勢に合わせた側臥位が可能になります。

図 3-24
安定した側臥位[6]

（4）腹臥位

　腹臥位の姿勢では、図 3-25 のように股関節や膝関節を屈曲させ、緊張が強くならないように気をつけます。また、頭部の位置を調整して、子どもの表情をよく観察できるようにすることが重要です。また、腹臥位の

写真 3-5
イーコレ・ベーシック[7]

姿勢から、抗重力位を経験させるには、図3-26のように、大きなピーナッツボールを活用して腹臥位を作り、ここから徐々に立位の姿勢に移行していきます。ピーナッツボールは、他のセラピーボールと違い、横に崩れないので、一人で行う場合でも、かなり安定性の高いボールになります。また、セラピーボール同様、接地面が広いこともあり、緊張を落とせる場合も少なくありません。腹臥位は仰臥位の欠点を補うということでは望ましい姿勢ですが、口や鼻がおおわれると窒息の恐れがあり、決して目を離すことのできない姿勢になります。また、この姿勢に慣れていない子どもの場合には、生理的な変化が起こりやすいことや胸郭が扁平な子どもにとっては、胸郭の運動性を失わせる姿勢になる可能性もあるので、腹臥位にしてしばらくはパルスオキシメーターを活用しながら、脈拍や酸素飽和度の変化を観察しておいた方が安全でしょう。また、胃ろう部や気管切開部が当たらない

図3-25　腹臥位[6]

図3-26
ピーナッツボールの活用[5]

ようにしないといけません。胃ろうや気管切開を行っている子どもの腹臥位ポジショナーの作成は、自作よりも、専門の業者に頼んだ方が安全かもしれません。また、子どもを腹臥位に姿勢変換する場合には、カニューレの事故抜去などの恐れもあるので、必ず複数の教師で行う必要があります。

(5) 座位

　私たちが主体的な活動を行う場合には、座位になっている場合が多いと思います。つまり、座位は安楽の姿勢ではなく活動の姿勢と考えられます。普段子どもは、座位保持椅子に乗っていますが、床に下りたときの座位は、どのようにとればいいのでしょうか。図3-27を参照してください。このように、教師の膝を何かでブロックすると子どもの姿勢保持がかなり楽になり、教師としては、子どもの姿勢を保持することだけに力を注がず、余裕を

図3-27　床上での座位[4]

持って対応できます。座位可能な子どもの場合には、車椅子や座位保持椅子に乗っている時間をそれほど考慮する必要はありません。しかし、自力座位のできない子どもの場合には、長時間座らせておくことがないように、子どもの状態に合わせながら、座位保持椅子から下ろし、臥位（寝た状態）などのくつろいだ姿勢を定期的に作ってあげましょう。同じ座位の中でも、活動する場合には前傾であり、休む場合には後傾が基本になります。そのことを踏まえながら、子どもの目的に応じて、背もたれの角度を変えて

あげることが大切です。ま
た、座位保持椅子や車椅子、
バギーは、図 3-28、3-29 の
ように、リクライニング式
とティルト式により、背面
の角度を変えることができ
るようになっています。ど
ちらも後ろに倒れ、体の圧

 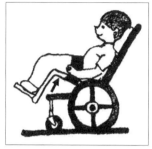

図 3-28　リクライニング式[5]　　図 3-29　ティルト式[5]

力を分散させる働きがありますが、違いはリクライニング式の場合には座面と背面の角
度が変化し、くつろいだ姿勢になることが可能ですが、体は前方へずれやすくなります。
一方、ティルト式の場合には、座面と背面の角度が変化しないため、体が前方へずれず、
安定した姿勢を保つことが可能ですが、姿勢自体の変化はないため、くつろいだ感じを
得ることが難しく、また、同一の姿勢を続けることで、同じ箇所が圧迫され続けること
になります。体幹が不安定な子どもの場合には、体幹がずれないように、ティルト式の
座位保持椅子がほとんどです。車椅子やバギーの場合には、両方の機能を持っているも
のもあり、子どもの状態によって使い分けていきましょう。

　今まで述べてきたように、どの姿勢でも長所とともに短所があります（表 3-1）。つま
り、どんなに子どもに適した姿勢でも、一つの姿勢では短所を補うことはできません。
そのため、すべての姿勢を必要に応じて柔軟に取り入れることが重要です。姿勢を変え
ることは子どもにとって、接触面での過敏や重力に対する感覚などから、ストレスにな
ることも少なくありません。入学した頃から、必ず毎日全ての姿勢を取り入れ、子ども
がどんな姿勢でも受け入れられるようにしておくことが重要です。

❻　姿勢を作るポイント

（1）バスタオルとクッションの活用

　子どもを有効な姿勢で保持することは、簡単そうで意
外と難しいことは、先生方も実感されていると思います。
特に、支持面の不安定な側臥位などは、側臥位ポジショ
ナーがないと、姿勢変換をしたとたんに崩れることはよ
くあります。そこで、タオルとクッションを使った安定
した姿勢保持のやり方を示します。

　・写真 3-6 のように、子どもの体の下にバスタオル
　　を敷き、バスタオルの下に、クッションを入れ込み

写真 3-6　姿勢保持 1[4]

表 3-1　各姿勢での長所と短所

	長　　所	短　　所
仰臥位	・支持面が大きく安定している ・安楽な姿勢である ・視野が広い ・教師が子どもの表情を把握しやすい 　他の人とフェイス・トゥ・フェイスになりやすく、コミュニケーションを図りやすい ・介助しやすい ・嫌がる子どもは少ない	・下顎後退や舌根沈下により、呼吸状態を悪くする場合がある ・口腔内の痰や唾液が喉に溜まりやすく、誤嚥を起こす場合がある ・首をコントロールできない子どもでは、顔が同じ方向を向いたままになるため、非対称性の姿勢になり、側弯や風に吹かれた股関節の姿勢になることがある ・肺の換気（呼吸によって空気を入れ替えること）状態が背中側で悪くなり、肺炎を起こしやすくなる ・背中の動きが制限されるため、呼吸がしづらくなる場合がある ・胸郭の扁平が起こりやすくなる ・肩を後ろに引く動きと反り返る動きが出やすくなる ・両上肢を使いにくい姿勢である
側臥位	・舌根沈下や下顎後退が起こりにくい ・口腔内の痰や唾液が喉に溜まることが少ない ・股関節や膝が屈曲しやすいため、筋緊張が緩みやすい ・胸郭の前後の運動が出やすくなり、胸郭扁平を防ぐことになる ・枕やクッションを上手に使うと、上肢が使いやすくなる	・支持面が狭いため姿勢保持が難しく不安定な姿勢になる ・肩が内側に入ってしまい、そのまま拘縮する場合がある ・子どもが受け入れない場合がある ・左凸の側弯がある場合には、右側を下にした右側臥位では、胃食道逆流が悪化することがある
腹臥位	・下顎後退や舌根沈下を防ぐ ・口腔内の痰や唾液が喉に溜まることを防ぐ ・クッションなどをうまく使うことで、筋緊張が低下しリラックスした状態になる ・背中の動きがよくなることで、呼吸がしやすくなる ・肺の背中側の換気を改善することで、肺炎を予防する	・表情が観察しにくいため、子どもの状態が分かりにくい ・コミュニケーションを図りにくい姿勢である ・子どもが受け入れない場合がある ・口、鼻が塞がれ、窒息の危険性がある ・気管切開や胃ろうを行っている場合には、その部位が接触するためにできないことがある ・腹部や胸部に強い圧迫がかかると呼吸がしにくくなる場合がある
座位	・活動が行いやすくなる ・上肢が使いやすくなる ・視野が広くなる ・横隔膜の動きがよくなる ・前傾座位では、腹臥位と同様の効果がある ・胃食道逆流が起こりにくくなる ・心身の能動性が向上する	・身体を支える体幹の力が必要になり、負担の大きな姿勢である ・座位が安定しない場合には、腹部が圧迫されて、横隔膜の動きが制限される場合がある ・後傾した座位では、仰臥位と同様に下顎後退や舌根沈下が起こり、痰や唾液が喉に溜まることがある ・安楽の姿勢ではないため、長時間の座位は脊柱の変形や側弯に影響する場合がある

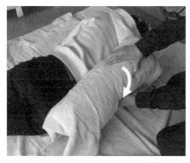
写真 3-7　姿勢保持２[4]

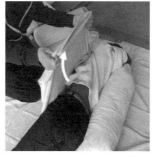
写真 3-8　姿勢保持３[4]

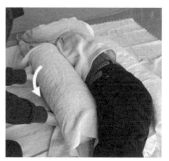
写真 3-9　姿勢保持４[4]

ます。

・写真 3-7 のように、クッションをバスタオルでしっかりと巻き込みます。

・写真 3-8 のように、反対側のバスタオルをしっかりと引きます。

・お腹側に、同様にクッションを入れ、バスタオルを巻き込みます（写真 3-9）。これで、かなり安定した姿勢保持が完成します。

写真 3-10　タオルの巻き方[6]

このように、クッションだけでなくバスタオルも姿勢保持には必需品になります。また、クッションがなくても、バスタオルの巻き方だけで、かなり体の崩れを防止することが可能です。バスタオルは、写真 3-10 のように、下向きに巻き込みながら体の下へ入れ込んでいきましょう。こうすることで、体の重みでバスタオルが押さえられるために、体のずれを防止することができます。また、障害が重度な子どもの場合には、姿勢変換だけで、呼吸や脈拍などの生理的な変化が起こったり、筋緊張が強くなったりする子どもも見られます。その場合には、なるべく子どもの接地面をずらさない

写真 3-11　バスタオルの使い方[6]

ことが、生理的状態や筋緊張の変化を少なくすることにつながります。その方法としては、写真 3-11 のようにバスタオルごとゆっくりと動かし、その下にクッション等を入れていくと、子どもの生理的な変化を少なく抑えることが可能となります。また、この方法だと、体が大きな子どもでも、姿勢変換することが大きな負担にはなりません。

（２）風に吹かれた股関節への対応

P20 の図 2-1 のように、膝を屈曲させ、一方向へ倒れている姿勢は、足が風に吹かれ

てなびいているように見えるかもしれません。そのため、この状態を「風に吹かれた股関節」と呼ぶことがあります。この場合には、倒れて上にかぶっている足が、脱臼している場合が多く、また、体はねじれ、膝関節は拘縮しています。姿勢の異常だけでなく、体のねじれにより、呼吸機能や消化管機能の働きが悪化している場合も少なくありません。この場合には、図3-30の左側の図のように、見た目にまっすぐにまで戻してしまうと、真ん中の図のように、腹部にしわができることがあります。この状態では体がまっすぐになり、見た目には問題ありませんが、実は戻しすぎていて、体はねじれています。その場合には右側の図のように、腹部のしわがとれるところまでの位置に戻して姿勢保持する方が適切とされています。つまり、現状の子どもの中間位（屈曲でも伸展でもない、筋肉の緊張がつりあっている位置）になるようにしてあげる方が望ましいといわれています[4]。

図3-30　風に吹かれた股関節への対応[4]

（3）発達を促すための姿勢変換（臥位から立位まで）

　重度重複障害児の場合には、寝たきりの状態で一日を過ごす子どもが少なくないのではないでしょうか。寝たきりの徐重力位で過ごすことは、子どもに安静の状態を与えることにはなりますが、この姿勢のみで子どもが生活していくことは決して良いことにはなりません。子どもには必ず抗重力位を提供していく必要があります。なぜでしょうか。ここからは、抗重力位の効果について述べてみます。　もちろん、日常、徐重力位の子どもを抗重力位にする場合には、姿勢の崩れや変形の助長などの危険性があることを常に頭に入れておく必要があります。しかし、それ以上に様々な効果が期待できるのです。例えば、抗重力位は骨や関節の成長に大きな影響を与えます。また、循環器や呼吸器、及び消化器の働きの向上、重力に抗した適切な筋緊張やバランスのとれた姿勢の確保、胃食道逆流の予防などやそれとともに、子どもが今までに経験したことがない視界も確保でき、能動的で主体的な気持ちを育ててくれることは間違いありません。

　抗重力位の環境を子どもに提供する場合、大きく分けると二つの方法が考えられます。一つは子どもに、最初から抗重力位を提供し、その状態を維持しながら学習活動を行う

場合です。これには、立位台での立位やSRCウォーカーを使った歩行、また、学校生活のベースになる座位保持椅子での座位も含まれます。

　もう一つは、徐重力位から抗重力位へ姿勢変換すること自体を学習活動とする場合です。この場合には、子どもの二次元から三次元への正常な発達を教師が支援しながら促していくことになります。このような支援だけで、子どもが正常発達に即して運動機能を向上させていくことは難しいでしょう。しかし、このような動きを子どもに教えることは、体や手足の使い方を教えることになり、子どもに自分自身の体に対する気付きを促してくれるはずです。学校で子どもを二次元から三次元の姿勢に移行するときには、時々は発達を促す支援を意識し指導することも必要なのではないでしょうか。

① 仰臥位から側臥位へ

　仰臥位では、膝下にクッションを入れて、足底で体を支えやすくし、体の緊張を緩めた姿勢を心掛けます。その状態から、写真 3-12 のように、骨盤を回旋させ、肩甲骨、腕が回旋するのを待ちます。次第に、頭部や体の上部が側方を向いてきます。

写真 3-12
仰臥位から側臥位へ[1]

② 側臥位から腹臥位へ

　側臥位から腹臥位への姿勢変換でも、骨盤と足から腹臥位の方へ倒していきます。このとき子どもの下の方の腕が体に潜り込まないように注意しながら、下側の肩から肘へ体重が移動するよう、写真 3-13 のように骨盤を足の方へ引き下げてみましょう。頭部が持ち上

写真 3-13
側臥位から腹臥位へ１[1]

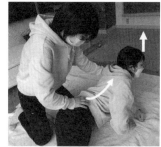
写真 3-14
側臥位から腹臥位へ２[7]

がりやすくなります。最後は、写真 3-14 のように、体の上部の側屈と肘支持により、頭部を持ち上げるのを促します。頭部を自分で上げることが難しい子どもには、頭部を持ち上げるように促しながら介助してください。

③ 仰臥位から座位へ

　仰臥位から側臥位そして座位の姿勢へ移行します。仰臥位から側臥位までは、①と同様に、その後、写真 3-15 の状態のように、頭部を介助し、肘支持になるように促します。その後、写真 3-16 のように、肘から手に体重

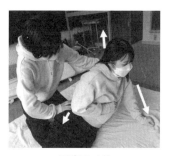
写真 3-15
仰臥位から座位へ１[1]

写真 3-16
仰臥位から座位へ 2 [1]

写真 3-17
仰臥位から座位へ 3 [8]

写真 3-18
座位から立位へ [1]

がのるように、体を起こして、横座りになります。最終的には、写真3-17のように、両膝の下から手を入れ、おしりを教師側に引き寄せ座位になります。このとき、子どもが、おしりで体を支えているのを感じるように、支援は最小限にしましょう。

④　座位から立位へ

　子どもの膝を立てて、足底を床につけかがんだ姿勢にします。足底にしっかりと体重をかけ、写真3-18のように、なるべく子どもが床を足底で押しながら伸ばしてくるように、体の両脇を軽く支えながら起こしてきます。

7 身長計測の方法

　体重の計測は、教師が子どもを抱えそのまま体重計に乗り、後で教師の体重を引くことで、簡単に求められますが、身長については、変形拘縮がひどい子どもの場合には計測がかなり難しいと思います。頭頂部（頭の最高点）から足底までを一回で測ることはなかなかできません。そのため、測定の難しい子どもの場合は、体を「頭頂部から第7頸椎（頸椎のなかでも最も下にあり、首の付け根の部位で、首を前に曲げたときに最も後方に出ている箇所）まで」と「第7頸椎から左右の大転子（骨盤の横の一番出っ張った大腿骨の部位）間の中心点まで」、および「大転子から足底まで」の3つの部位に分け、それぞれを3回ずつ計測し、その平均値を求めた合計を身長にします。

　・頭頂部から第7頸椎までの測定

　　図3-31のように、頭の頂点から首の付け根までを測定します。頭頂部に下敷きや紙ばさみなどをあてると測定しやすくなります。

第7頸椎

図 3-31
身長計測（3分割法 - 1）[4]

・第7頸椎から大転子間の中心点までの測定

図3-32のように、首の付け根から、左右の大転
子の中心点までを結んだ直線距離を測定します。
側弯に沿って測定することもありますが、その場
合には、身長が長く計測されるため、実際よりも
体の表面積が大きくなり、カロリー計算などで必
要以上に大きく見積もってしまう危険性がありま
す。

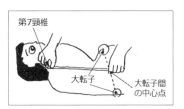

図3-32
身長計測（3分割法-2）[4]

・大転子から足底までの測定

片方の大転子から、下肢の側面に沿って足底まで
を測ります（図3-33）。この時、足首はなるべく
直角に曲げて測定します。両足の長さが違う場合
には、長いほうの値になります。

このように、体を「頭頂部から第7頸椎まで」と「第
7頸椎から大転子間の中心点まで」および「大転子か
ら足底まで」の3つの部位にわけ、その合計を身長と
する方法を3分割法（または3分法）といいます。

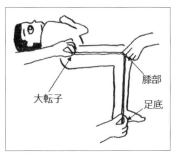

図3-33
身長計測（3分割法-3）[4]

引用・参考文献

1) 鈴木康之, 舟橋満寿子 編：新生児医療から療育支援へ―すべてのいのちを育むために―. インターメディカ, 2019.
2) 岡田喜篤 監, 井合瑞江, ほか 編：新版重症心身障害療育マニュアル. 医歯薬出版, 2015.
3) 北村晋一：脳性麻痺の運動障害と支援―変形の理解とからだの安定のための指導―. 群青社, 2010.
4) 鈴木康之, 舟橋満寿子 監, 八代博子 編：写真で分かる重症心身障害児（者）のケア. インターメディカ, 2015.
5) 田村正徳 監, 梶原厚子 編：在宅医療が必要な子どものための図解ケアテキストQ&A. メディカ出版, 2017.
6) 田村正徳, 前田浩利 監, 日本小児在宅医療支援研究会 編：子どものリハビリテーション&やさしいケア. 三輪書店, 2019.
7) 龍野コルク工業　https://www.tatsuno-cork.co.jp/
8) 日本肢体不自由児協会 編：障害児の療育ハンドブック. 日本肢体不自由児協会, 2004.

第4章

筋の緊張を
緩める方法

① 医療的な方法

　重度重複障害児の大きな割合を占める脳性麻痺では、体の異常緊張が大きな障害の一つになります。もちろん、体を動かすには、筋が緊張することが必要です。しかし、脳性麻痺児の場合には、異常に過緊張だったり、逆に低緊張だったりする場合があります。

　この異常緊張は、図 4-1 のように痙縮と固縮に分けられます。痙縮がある場合の特徴

痙縮　　　　　　　固縮1　　　　　　　固縮2

図 4-1　痙縮と固縮

的な現象が、折りたたみナイフ現象です。曲げている子どもの腕を伸ばした時に、あるところから急に力が抜けてびっくりしたことはありませんか。それが折りたたみナイフ現象です。最初の体験ではかなりびっくりするのではないでしょうか。「エーッ、もしかして骨が折れた」と思うほど、急激に力が抜けます。一方の固縮の場合は、曲げた腕はなかなか伸びません。「なぜ、こんなに固いのだろう」と不思議な感じがします。この固縮には、大きく分けると、最後までずっと緊張が続き抵抗がある場合と、緊張が抜けてもまたすぐに緊張が入る状態が続く場合がありますが、どちらにしてもなかなか腕が伸びないのは一緒です。痙縮と固縮は完全に分かれているわけでもありません。子どもによっては、痙縮と固縮の両方の現象が見られる場合もあります。これらの異常緊張が続くと、関節の拘縮や脱臼、背骨の変形などが起こり、それに続いて呼吸器や循環器、消化器などの異常が二次的な合併症として現れてくる可能性があります。もちろん、これらの影響で日常生活にも支障が出てきます。

　では、このような異常緊張を抑制するにはどのような方法があるのでしょうか。

（1）ボツリヌス毒素療法[1]

　ボツリヌス毒素療法については、保護者や病院のスタッフから耳にしたことがありませんか。「昨日、ボトックス（ボツリヌス菌の毒性を取り除いて医薬品とした商品名）の注射を打ってきました」と保護者が言われたことはないですか。ボトックスは、注射したところにだけに効果があります。つまり、注射した緊張の強い部分にだけ働いて、緊張が緩むことになります。しかし、数か月すると、筋緊張は元の状態に戻るので、筋緊張が緩んでいる間に、リハビリテーションや自立活動で運動を学習しながら、生活上

や学習上の困難を改善克服していくことになります。効き目は、注射後数日から徐々に効果が表れ、数か月間安定した状態が続きます。

（2）内服薬の活用[2]

　緊張の強い子どもは、抗不安薬や筋弛緩薬、抗てんかん薬を服薬している場合があります。薬なので効果はありますが、副作用も見られます。子どもが服薬している薬の効果と副作用は病院関係者や保護者を通じて把握しておくことが大切です。よく使用されている薬としては、てんかん発作時に使用されるダイアップ坐薬は一般名ジアゼパムで、抗不安薬の一種にもなります。そのため、てんかん発作時だけでなく、筋緊張が強い場合にも用いられます。セルシンも同じジアゼパムです。これらの副作用としては、分泌物の増加や舌根沈下、呼吸抑制などが見られます。筋弛緩薬としてよく使われている薬としては、ミオナール（一般名エペリゾン塩酸塩）があります。また、抗てんかん薬は緊張緩和にも使われています。例えば、フェノバール（一般名フェノバルビタール）は有名な抗てんかん薬ですが、緊張緩和にも有効です。このような薬を服用した子どもが学校でどのような状態なのかを観察することは、教師の重要な仕事です。教育と医療がしっかり連携することで、子どもにとって、より適切な薬や量を調節することが可能になってきます。極端にいうと、薬が効きすぎて、緊張は全く見られないけど、ずっと寝たきり状態の子どもは、有意義な学校生活を送っているとはいえません。子どもに最適な薬や量を調整していくためには、保護者や教師の観察が不可欠になります。

（3）バクロフェン髄注療法[3]

　この方法は、国内では 2007 年より小児への適応が認可されています。下肢の緊張軽減はもちろん、胸の緊張も緩和され、呼吸状態にも好影響を与えるといわれています。しかし、この方法の場合はバクロフェンを注入するために異物のポンプ（直径 7 cm）を体に埋め込む手術をしなければいけないこと、さらに定期的にバクロフェンを補充する必要があります。もちろん、ポンプの大きさもあるので小さな子どもの場合は難しくなります。

（4）整形外科手術[4]

　緊張が強い筋を切ったり延長したりして緊張を緩めます。緊張の強い筋を部分的に切る選択的筋解離術や場合によっては筋や腱の全部を切る場合もあります。整形外科手術を実施したことがあるという引き継ぎを受けると、手術した箇所を動かすことは危険な気がして触らない方が良いのではないかと思うことがあるかもしれません。実はこの考えが手術の効果を減少させてしまいます。これはどの方法でも同じですが、筋緊張が適切な状態になっても、きちんと運動を学習しなければ、効果的な発達は見込めません。つまり、整形外科手術だけでは極端な発達は見込めないのです。そのために、手術後に

病院でのリハビリテーションが行われることになります。学校でも病院と連携を図りながら、子どもの発達を促していく必要があります。

（5）選択的後根切除術[5]

脊髄に入ってくる神経で排泄や消化にかかわるものは残し、異常な反応にかかわる神経だけを選択的に切断することで、改善を図る方法です。この方法の場合には、下肢の痙性にしか効果がなく、また年齢的に10歳ぐらいまでが対象といわれています。この方法も、術後のリハビリテーションが必須になります。

これらが現在、異常緊張の軽減に効果があるといわれている方法ですが、これらはどれも医療的な領域で、教育の内容ではありません。しかし、忘れていけないことは、（1）〜（5）のどの方法でも、運動の発達や新しい動きを確立するためには、病院でのリハビリテーションや学校での自立活動が必要だということです。つまり、異常緊張を抑制しただけでは、粗大運動は簡単には発達しないのです。必ず、子どもには新しい動きを教えていくことが必要になってきます。

これらをまとめると、図4-2のように、異常緊張の部位だけに効果がある場合と全身の緊張を低下させる場合、また、永久的に筋緊張が低下する場合と可逆性のある場合に分けられることが分かります。

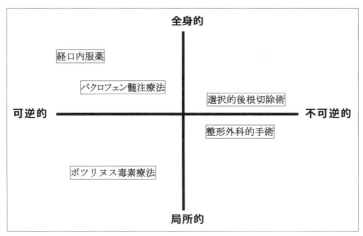

図4-2　異常緊張に対する治療方法
文献6）のP214を筆者が一部改変

2 ストレッチ

ここからは、異常緊張に対して学校ではどのような支援が可能となるかを考えてみま

しょう。

　異常な筋緊張が、運動を制限したり、可動域を減少させたりと、運動の発達や姿勢保持に悪影響を与えていることは間違いありません。このような異常緊張に対し学校でもできる支援の方法として、ストレッチがあります。皆さんは自分自身で激しい運動をする前にはストレッチを行っていると思います。これにより、急激な運動でのけがを防止していますね。しかし、急激なストレッチは、逆に筋緊張を高くしてしまったり、強い痛みを伴ったりと、逆効果の症状が出ることもあり、注意も必要です。ここからは、ストレッチについて詳しく説明していきます。

　ストレッチは大きく分けて、以下の三つになります。

・他動的ストレッチ

・姿勢でのストレッチ

・装具を使うストレッチ

（１）他動的ストレッチ

　このストレッチは、「自立活動の時間における指導」で主に行っていると思います。筋へのストレッチの効果については、脳性麻痺リハビリテーションガイドライン（2009）には、関節可動域を改善させ、痙性（脳性麻痺など脳の病気や脊髄、神経などの病気で、

筋肉が緊張して、手足が動かしにくかったり、勝手に動いてしまったりする状態）の減少に望ましいと書いてあります[7]。このように、効果があることは間違いありません。具体的には、関節を中心として、目的とする箇所をゆっくりと開いていきます。動きがなくなったところで、その位置を保持します。保持する時間は、文献により違いますが、ある程度の時間（20秒程度）は必要だと思います。ストレッチの要点としては、まず、ゆっくりと子どもの表情や体の動きを観察しながら動かしていくこと。また、写真4-1のように関節に近い部位を開いていくこと。これは、てこの原理から、遠いところを持って開いていくと、骨折の危険性が高くなるためです。最も安全な方法は、写真4-2のように関節の可動域を縮めている筋肉に圧をかけます。しばらく圧をかけると、その分だけ筋は長くなるはずです。その時点で、おそらく少し力が抜けた、または緩んだ感じがすると思います。その後、ゆっくりと関節の可動域を広げていきます。この方法が一番安全です。もちろん、自分でストレッチが可能な子ど

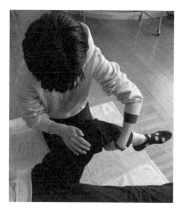

写真 4-1　正しいストレッチ[1]

写真 4-2　安全なストレッチ

もなら、適切なストレッチを教え、毎日の日課や宿題にすることが最も効果的でしょう。やはり、毎日の積み重ねです。しかし、ほとんどの子どもの場合には自分で行うことは難しいでしょうから、ストレッチをいつどこで行うのか教師間で話し合い、学校生活の中に組み込んでいくことが重要です。朝の会や帰りの会に組み込むと、毎日効率よく実施できるかもしれません。この場合、時間の関係で、体全身のストレッチは難しいでしょうから、朝の会では、首と上肢のストレッチなどと部位を決めると、実施することも可能になると思います。また、ストレッチでは呼吸が大切になります。子どもの呼吸状態に注目して、通常の呼吸の場合には、子どもがストレッチを受け入れていると考えてください。

（2）姿勢でのストレッチ

これについては、あまりピンとこないかもしれませ
ん が、側弯予防としては、日常よく取り入れています。
活用するものは、子どもの体にかかる重力なので、多
くの時間をかけることが可能な上、教師が子どものス
トレッチ自体に時間を割かれることなく、子どもと他
の活動を行うことが可能になります。このようなメ
リットはありますが、ストレッチできる体の箇所が限

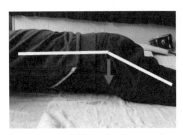

写真 4-3　姿勢でのストレッチ 1

られていたり、子どもの状態を見ながら力の調整ができなかったりすることが欠点です。例えば、写真 4-3 のように股関節が縮んでいる子どもには腹臥位をとらせると、股関節を伸ばす有効なストレッチになります。また、立位台やプローンボードに立たせることは、足関節の効果的なストレッチになっています。

それでは、よく実施されている側弯に対してのストレッチを紹介します。

例えば、左凸の側弯の子どもの場合には、左下側臥位にすると、一点支持で、凸側を
つぶしながら、上方の凹側を開くストレッチになりま
す。この場合には写真 4-4 のように、最初は頭部と骨
盤部分をやや高めにした方が子どもの負担は軽くなり
ます。子どもが姿勢に慣れてきたら、少しずつ凸部分
をつぶしていくような姿勢を作っていきましょう。逆
に、右下側臥位にすると、頭部と骨盤の高さを低くし
なくてはいけません。この場合には、少し凹側をゆっ
くりと引き伸ばして、なるべく接地面が広がるように
心掛けます。特に、凸側を下にした場合には、一点支

写真 4-4
姿勢でのストレッチ 2[1]

持になるので、痛みを伴う場合があります。子どもの表情や緊張の度合いを注視しながら、姿勢によるストレッチを行うことが重要です。詳しくは P30 も参考にしてください。

（３）装具によるストレッチ

　装具によるストレッチに、よく用いられているものとしては短下肢があります。尖足になっている足首に、写真4-5のような短下肢をつけると、ふくらはぎのストレッチになります。また、写真4-6のような動的側弯防止体幹装具（プレーリー君）は最近よく使われています。その他、写真4-7のような股関節装具であるスワッシュは、股関節を外転（外側に開く）させながらはさみ肢位を防いでくれます。

写真 4-5　短下肢装具

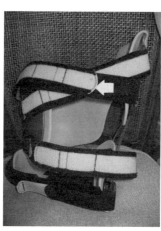

写真 4-6　プレーリー君

写真 4-7　スワッシュ

　短下肢を装着する場合の注意点
・装着の際の靴下などの厚さを考慮します。
・装着後の活用する姿勢や活動でチェックします。
・装具を外した後、過度な圧迫部位や締めつけがないかを確認するために、赤くなっている箇所をチェックしましょう。
　装着の順序としては、

ア　足関節を足の甲の方へ曲げ、図4-3のようにかかとがしっかり入るように奥まで入れます

イ　図4-4のように足関節のベルトを締めます

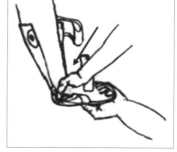

図 4-3　短下肢の装着 1

図 4-4　短下肢の装着 2

ウ　足の指が曲がっている場合には伸ばします

エ　図4-5のように足のベルトを締めます

オ　図4-6のように上のベルトを締め、全体を確認します。

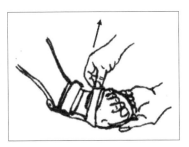

図4-5　短下肢の装着3

　赤くなっている箇所のチェックについては、写真4-8のように、4か所を中心に赤くなっていないかの確認が必要です。

　このように、ストレッチといっても色々な種類があることが分かったと思います。ここで大切なことは、他動的ストレッチは病院のリハビリテーションで、積極的に実施されていますが、姿勢や装具でのストレッチを実施する場所は、学校か家庭が中心になります。これらのストレッチを常に頭に入れながら、子どもの学校生活を組み立てていく

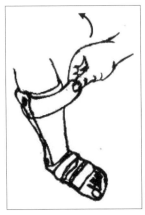

図4-6　短下肢の装着4

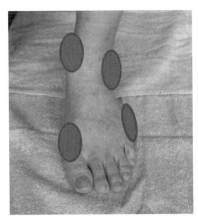

写真4-8　過度な圧迫部位の確認

ことが必要です。なるべく効果的に多くの時間をこれらのストレッチにかけることができると、子どもの体の変形拘縮も防げる可能性があるかもしれません。「学校の教育活動全体を通じて行う自立活動の指導」の有効性を示せる学習内容の一つになります。ここが、病院のリハビリテーションと大きく違うところなのです。もう一度、登校してから下校まで、子どもの学校生活を考えながら、これらのストレッチ、特に姿勢でのストレッチが効果的に活用できないか、洗い出してみてください。

引用・参考文献
1）落合達宏：脳性麻痺のボトックス治療. 手足の不自由な子どもたち　はげみ. 349：25-30, 2013.
2）清水信三：筋弛緩剤の使用での注意点. 手足の不自由な子どもたち　はげみ. 349：13-17, 2013.
3）師田信人：小児痙縮に対するITB療法. 手足の不自由な子どもたち　はげみ. 349：31-36, 2013.
4）鈴木恒彦：整形外科手術. 手足の不自由な子どもたち　はげみ. 349：37-43, 2013.
5）根本明宜：痙性及びそのコントロール. 手足の不自由な子どもたち　はげみ. 349：4-12, 2013.
6）田村正徳，前田浩利　監，日本小児在宅医療支援研究会　編：子どものリハビリテーション＆やさしいケア. 三輪書店, 2019.
7）日本リハビリテーション医学会　監：脳性麻痺リハビリテーションガイドライン. 医学書院, 2009.

第5章

各疾患やタイプ別の粗大運動についての目標や指導の在り方

ここからは、各疾患やタイプ別の具体的な指導の在り方について述べていきます。

重度重複障害でよく見られる各疾患やタイプである脳性麻痺（痙直型両麻痺、痙直型四肢麻痺、アテトーゼ型、痙直型片麻痺）、重症心身障害児、筋ジストロフィー、二分脊椎症の7つに分けて説明します。

各項、最初に疾患やタイプの定義や症状について、次に目標設定、最後に指導の具体的な在り方について書きます。しかし、これは、疾患やタイプ別に示した一般的な指導の在り方です。子どもは皆それぞれ違うので、個に応じた指導が必要不可欠になります。あくまでも、一つの指導の在り方として、参考程度にしてください。

脳性麻痺（痙直型両麻痺）

（1）定義や症状

未熟児に多く、筋緊張としては痙縮（P46参照）が見られます。麻痺の中心は両下肢ですが、上肢にも軽い麻痺があります。脳性麻痺ではよく見かけるタイプで、下肢の異常緊張が強いために、はさみ肢位（図5-1）が見られ、この肢位が強い場合には、股関節の脱臼に気を付けなければいけません。また、足を交互に動かすことが難しいため、移動手段として、図5-2のようなバニーホッピングが見られます。上肢がある程度自由に使えることもあり、過剰に使いすぎて、下肢の緊張が強くなる場合もあります。座位の場合には、図5-3のように、割座（とんび座り）になると、座位が安定し、両手をかなり使えますが、この姿勢だけを続けると、股関節の内旋（足が内側に回ること、右足は反時計回り、左足は時計回りになる）が強くなるため、あぐら座位や長座などを取り入れていくことが必要です。しかし、長座やあぐら座位では不安定な場合が多く、両手や片手で体を支えなければならないことが少なくありません。それを防ぐために、長座の場合には両下肢に砂のうやウエイトをのせて座位の安定を図ったり、あぐら座位の場合には、壁に背をつけてあぐら座位の経験をさせたりすることも取り入れましょう。筋緊張を高めるには、膝関節が伸展した状態の長座、一方緊張を緩めるためには、股関節と膝関節が屈曲したあぐら座位が適切な姿勢です。そのため、座位の

図5-1　はさみ肢位

図5-2　バニーホッピング

図5-3　割座（とんび座り）

姿勢として、安定をもとめるには割座、全身の緊張を高めるには長座、緊張を緩めるためにはあぐら座位というように、子どもの状態や場面に応じて使い分けていくことが必要です。背もたれのない椅子に座る場合は、背中が丸くなり、骨盤が後傾した状態の仙骨座り（図5-4）になる場合が少なくありません。

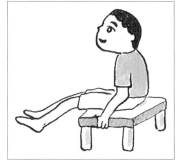 

図5-4　仙骨座り[1]　　　図5-5　尖足

その場合、足は膝を曲げることが難しく、足底が床から離れてしまいがちで、両手を使って体の安定を図るために、手が機能的に使えない場合が少なくありません。また、立位になる場合には、上肢で体を支えながら緊張を高めるために、足首が尖足（図5-5）になりやすくなります。歩行では、PCW（写真5-1）

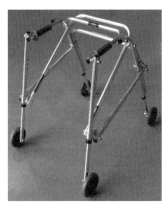 

写真5-1　PCW　　　写真5-2　SRC ウォーカー

やSRC ウォーカー（写真5-2）などの歩行器を使いながら歩行する場合もありますが、子どもによっては、図5-6のように、杖（ロフストランドクラッチ）を活用しながら歩行したり、独歩が可能な場合も見られます。このタイプの子どもの場合には、脳の損傷部位の関係から、視覚的な認知に障害が見られることもあり、学習障害のように字が読めるのに書けないなどの困難が起こる場合が見られるので、気を付けることが必要です。

（2）目標設定

もちろん子どもの状態像により、目標は変えていかなければなりませんが、痙直型両麻痺の場合の一般的な目標としては以下のような内容になるでしょう。

図5-6
ロフストランドクラッチ

1　ADL（日常生活動作）を身に付ける・・・知的に遅れがひどくない子どもでは可能な場合が少なくありません。
2　安定した姿勢保持ができる・・・子どもの状態により違いはありますが、立位は難

しくても、座位は狙えると思います。また、立位が難しい場合には、図5-7のような壁を背にした壁立ちやバーを握ってのつかまり立ちなどを練習しておくと、日常生活の中ではかなり活用できます。

3　日常生活での移動手段を確立する・・・子どもにより、車椅子、歩行器、介助歩行、クラッチ歩行、自力歩行などの違いはありますが、安定した移動手段を確立することが可能です。

4　日常生活に必要な移乗動作を確立する・・・低学年では、歩行などの移動手段に目が向きがちですが、実は移乗動作をなるべく体重の軽い低学年の時期に確立させ、継続させていくことが重要です。例えば、床から車椅子への移乗動作、また、PCWへの移乗動作はなるべく早い段階から学習に取り入れてください。体重

図5-7　壁立ち

が増加すれば、その分動作の確立が難しくなります。動作の確立が遅くなると、介助されながら、移乗動作を行うことが習慣化してしまいます。そういうことのないように、移乗動作を低学年のうちから身に付けておくことは、子どもの主体的な行動を促します。そのことはおそらく子どもに多くの刺激を与えるとともに、子どもの認知の発達にも大きな影響を及ぼすと考えられます。

5　決まった動作の繰り返しに起因する二次障害の防止を心掛ける・・・子どもはどうしてもやりやすい運動を繰り返して行います。そのため、非対称性の動きや下肢のみに緊張が継続することも少なくありません。それが原因となり、体の変形や股関節の脱臼を引き起こす場合もあります。必ず、一日一回は固くなった筋肉をほぐすことが必要です。また、知的に高い子どもには、自分でできるストレッチを教えてあげ、宿題として出すことも重要です。

　まとめると、上肢が使えるので、上肢を有効に活用しながら、ADLを確立します。ただし、上肢の使いすぎによる、下肢の緊張や変形については、常に考慮しておくことが大切になってきます。

（3）指導の具体的な在り方

　5の目標になる下肢の変形拘縮の予防策であるストレッチのやり方を説明します。痙直型両麻痺の場合には、下肢の緊張がどうしても強くなり、変形拘縮が始まりやすいので、足関節（写真5-3）、膝関節（写真5-4）、股

写真5-3
ストレッチ（足関節）

写真5-4
ストレッチ（膝裏）

関節の伸展（写真5-5）と外転（写真5-6）については、ストレッチを欠かさず行いましょ

う。

　次に、4の目標である移乗動作の確立の内容の一つとして、床から車椅子への移乗動作について説明していきます。車椅子への移乗は、日常生活の中でもよく見られる内容の一つです。なるべく早いうちから取り組み、移乗できるようにしておきたいものです。

　まず、車椅子の各部位の名称を写真5-7に書きました。参考にしてください。

写真 5-5
ストレッチ（股関節－伸展）

写真 5-6
ストレッチ（股関節－外転）

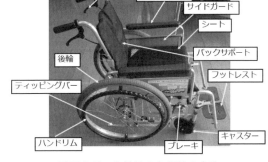

写真 5-7　車椅子の各部位の名称

・床から車椅子への移乗
　床から車椅子への移乗動作について（この内容は、時計回りの方向へ体を回旋させながらの方法になりますが、反時計回りの場合にはこの逆になります）

1　ブレーキをかけます。
2　フットレストを持ち上げます。
3　車椅子に近づき、両手でアームレストを持ちながら、膝立ちになります（写真5-8）。
4　両手で体を引っ張り上げながら、立位になります。
5　少しずつ体を回旋させ、車椅子の左側のアームレストを両手で持ちながら、体の回旋を続けます（写真5-9）。
6　かなり回旋してきたら、右手で右側のアームレストを握り替える動作に移ります（写真5-10）。
7　この時点で、おそら

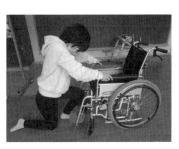

写真 5-8　床から車椅子へ 1

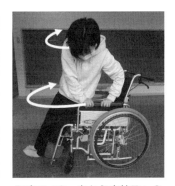

写真 5-9　床から車椅子へ 2
写真 5-10　床から車椅子へ 3

く体がほぼ回旋していると思われるので、シートにおしりを乗せます。

8　両手でアームレストを押しながら、おしりをシートの奥に入れます。

9　足や手を使いフットレストを降ろします。

10　両手でアームレスト、両足でフットレストを同時に押しながら、おしりを完全にシートの奥まで入れたら完了です。

また、子どもによっては、立位になることが難しい場合があると思います。その場合には、写真5-11のように、シートでお腹をブロックすることにより、体をアームレスト、シートと床で一直線にしながら、体を回旋させ、おしりをシートに乗せていきます。

一番重要なのは、シートが高すぎると、おしりがシートに乗らないのでかなり難しくなります。その場合には、車椅子のシートの高さを調整できないか、保護者や病院に相談してください。

写真 5-11　床から車椅子へ
（立位不可の場合）

・車椅子から床への移乗

車椅子から床への移乗動作について（この内容は、反時計回りの方向へ体を回旋させながら行います、時計回りの場合にはこの逆になります）

意外と忘れられているのが車椅子から降りる動作です。子どもによっては、車椅子から前方の床に倒れながら両手で支えたり、おしりをシートから滑らせていったりしていますが、両動作も危険を伴うので、きちんとした降り方を教えておくことが大切です。

1　ブレーキをかけます。

2　フットレストを足か手で持ち上げます。

3　体を回旋させ、右手で左側のアームレストを持ち、おしりを座面で回旋していきます。

4　ある程度回旋したら、左手はアームレストから離し、座面に置きます（写真5-12）。

5　両手で体を支えながら、ゆっくりと体を回旋し、両膝を曲げていきます。

6　ある程度回旋が完了したら、ゆっくりと膝立ちになります。

7　膝立ちから床に座ります。

写真 5-12　車椅子から床へ

・車椅子内での移乗

車椅子に、おしりが完全に入っていないと、仙骨座り（写真5-13）になる可能性があります。必ず、写真

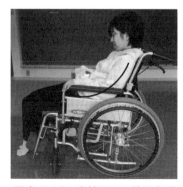

写真 5-13　車椅子での仙骨座り

58

5-14 のように、おしりを入れる習慣をつけておく必要があります。おしりを入れる動作の流れは、以下のようです。

1　車椅子にブレーキをかける。

2　両アームレストを両手で持ち、一気におしりを座面奥へ引きます。

3　両手の筋力が弱い場合には、両足で床を踏ん張りながら両手を活用すると、おしりが座面奥に入りやすくなります。

写真 5-14　おしりの入れ方

・床から PCW への移乗

PCW を活用する場合にも、できれば自分で床から PCW へ移乗できるようにしておくことが重要です。PCW は活用しているのに、自分で乗れない子どもも見られます。PCW は後方支持型の歩行器になるため、この歩行器では、体の前傾を抑えることが可能で、子どもに立位に近い状態を促し、歩行中の体の屈曲を減少させることができます。しかし、どうしても両手で体を支えるため、手が活用できないという不便さがあり、また両手に麻痺が見られる場合には、体を支えられないので活用は難しいでしょう。

また、PCW の適切な設定として、図5-8のように、後ろのバーの高さが股関節の高さになるように設定します。そうすると、肘が軽く屈曲するはずです。

図 5-8　PCW の高さ[3]

床から PCW への移乗動作について（反時計回りの方向へ）

1　PCW の側方のバーを両手で持って、膝立ちになります。（写真 5-15）

2　バーを支えにして立位になります。片膝立ちからの立位が理想ですが、一気に立位になってもかまいません。（写真 5-16）

3　PCW のバーを握っての立位が安定したら、少しずつ体を PCW の中で回旋します。この時、右手を後方のバーに持ち替えます。その姿勢で、体の回旋を続けます。（写真 5-17）

写真 5-15　床から PCW へ 1

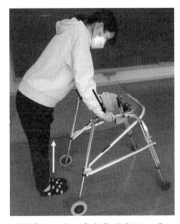

写真 5-16　床から PCW へ 2

4 PCW の右側の
バーを両手で握り、
さらに回旋を続けま
す。

5 かなり回旋運動が
できたら、左手は左
側のバーに持ち替え
ます。

6 PCW 内で、姿勢
を整えます。

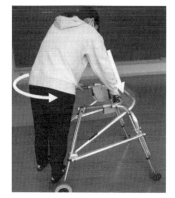

写真 5-17　床から PCW へ3

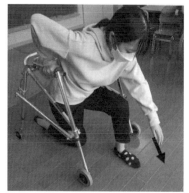

写真 5-18　PCW から床へ

・PCW から床への移乗

1 両手で体重を支えながら、膝立ちになります。理想的に
は片膝立ちですが、難しい場合には、両膝立ちでもかまい
ません。

2 写真 5-18 のように、片手ずつ、側方バーから手を離し、
四つ這いになります。

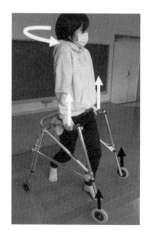

写真 5-19
PCW での方向転換

気を付けることは、子どもの乗り降り時に、PCW を固定
していないと、PCW 自体が軽いため、それごと転倒する可
能性があります。必ず、子どもの乗り降り時には、教師は
PCW を固定するようにしてください。

移動の際には、後方のバーでおしりを支えずに動くことが
理想ですが、支えながら移動することも、両手の支え
る力や体幹筋（胴体を支える筋肉）が弱い子どもでは
必要になってきます。また、PCW での移動が安定し
てきた子どもの場合には、あえて方向転換する必要の
ある場所を設定し、移動してもらいます。方向転換で
は、写真 5-19 のように、立位で PCW を持ち上げな
いといけません。そのことで、立位の経験が繰り返さ
れることになります。どうしても、体を両手で支えら
れない子どもには、写真 5-20 のような股受けもあり
ます。

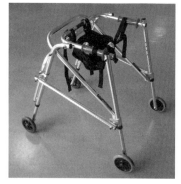

写真 5-20　股受け付き PCW

床からの車椅子への移乗動作と共に、床から椅子に座る。また、車椅子から洋式便器
へ移乗するなどの粗大運動は、なるべく早い段階に習得し、継続することが重要になり
ます。どうしても、成長すると体重は増加していくので、立位や歩行、移乗動作などの
抗重力位の粗大運動を獲得することが難しくなります。なるべく早い段階で確立し継続

していくことが大切になってきます。もちろん、衣服の着脱や食事等の ADL も大切ですが、重力の作用を強く受けない動きは、ある程度体重が増えてからでも、確立することは可能です。

 ## 脳性麻痺（痙直型四肢麻痺）

（1）定義や症状

　このタイプも、痙直型両麻痺と同様に脳性麻痺には多く見られます。四肢麻痺のため、全身に緊張や麻痺があり、両麻痺と比較すると状態像は重くなります。自由に使える体の部位が少ないため、どうしても、随意的な運動量が少なくなることで同一姿勢でいる場合が多く、そのこともあり、二次障害として、全身の関節の拘縮や体の変形が生じやすくなります。変形の程

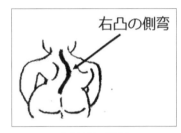

図 5-9　側弯

度は障害の重さによっても違いますが、側弯（図 5-9）や風に吹かれた股関節の姿勢（図2-1：P20 参照）になることもあります。側弯の発生は立位や座位での姿勢が悪いことが大きな原因のように思われている先生もいるかもしれませんが、実際は抗重力位が可能な子どもには、ひどい側弯はほとんど見られません。むしろ、寝たきり状態の子どもほどひどい状態の側弯になります。原因は、筋のアンバランスな緊張のためだと考えられていますがはっきりとしたことは分かっていません。側弯は、呼吸状態の悪化や胃食道逆流などの症状を引き起こすことも少なくありません。一方、風に吹かれた股関節の姿勢とは、両下肢が同一方向に倒れた姿勢をいいます。発生の原因は、膝裏の拘縮がひどくなると、膝が伸びなくなり、下肢の位置の不安定さや下肢の重さにより、両下肢が一方向に倒れてしまい変形が起こることです。この状態では、上になっている側の股関節は、内旋、内転してしまうので、どうしても脱臼になる場合が少なくありません。また、長時間仰臥位で過ごす子どもの場合には、胸郭が重力に引っ張られ、扁平化している場合や自分で頭部を動かせないため、常に頭部の向きが一方向を向き、非対称になる場合があります。頭部の向き癖は、背骨まで影響し、側弯を誘発します。このような非対称の姿勢が年齢と共に進んでいき、骨盤のねじれや非対称性をますます助長していきます。さらに、痙直四肢麻痺の場合、多くの子どもが知的障害、視覚障害、てんかんなどを有している場合が多く、指導がかなり難しくなります。

（2）目標設定

　運動機能障害と知的障害を併せ有する子どもにどのような目標を設定していくのか、かなり難しい課題となります。もちろん、子どもの状態像が全く同じことはありえない

ので、その子どもに応じた指導を行っていくことが第一ですが、以下に一般的な痙直型四肢麻痺の場合の目標を述べていきます。

1　ADL（日常生活動作）については、介助者にできるだけ協力できる内容を身に付ける・・・この場合には、一日の生活で、保護者が一番負担になっている介助は何か、又は今後負担になってくる内容は何かを「個別の指導計画」の作成時において、保護者と話し合っておくことが重要です。可能であれば、介助者の負担を最も軽減できる動作から身に付けていくことが理想になります。

2　適切な姿勢保持により、関節の拘縮や側弯などの変形を防止する・・・自発的な動きの少ない痙直四肢麻痺の場合には、左右非対称の同一姿勢を続けている場合が多く、そのことが変形や側弯の原因となります。必ず定期的に姿勢変換を行い、左右対称の姿勢を保持し経験させることが重要です。

3　小まめな姿勢変換により、変形拘縮や呼吸状態等の維持向上を図る・・・適切な姿勢保持はもちろん大切ですが、小まめな姿勢変換も同様に大切な指導内容になります。子どもにとってどんなに適切な姿勢でも、長く続けると呼吸状態の悪化や変形拘縮を助長します。もちろん、重度な子どもの場合には、パルスオキシメーターを活用しながら、生理的な変化に気を付けて姿勢変換を行う必要のある子どももいるかもしれません。

4　可能であれば、介助立位や介助歩行を目標に取り組む・・・難しい子どもが多いと思いますが、子どもによって、介助してあげると立位が短い時間ならできる子どもも見られます。このことは介助する側にとってはとても有益な動作になります。大きな子どもを図5-10のように縦抱きで抱っこするとき、少しの時間でも立位の状態を保ってくれると、介助の負担がかなり減少する経験をされた先生も多いのではないでしょうか。

図5-10　縦抱き

5　立位台やプローンボードの活用により、股関節や膝関節の拘縮防止や股関節の形成などを行う・・・下肢に体重をかけ、骨や股関節の形成を促します。

6　適切な歩行器を使うことで活動を維持する・・・適切な歩行器の活用は活動を維持します。

7　適切な口腔ケアを続けていくことで、摂食能力の維持向上を図る・・・粗大運動に目がいきがちですが、口腔ケアもとても重要なことです。胃ろうや経管栄養の子どもでも、摂食能力を維持させることは必要不可欠になります。

（3）指導の具体的な在り方
　4、5、6の目標については、同じような指導になってきます。まず、座位や立位な

どの抗重力位を数多く経験させることが必要で、写真5-21
のような立位台を活用し、抗重力位を入学時からなるべく
多く経験させていきましょう。立位台には、前傾型のプロー
ンボード（写真5-22）と、寝かした状態から起こしてくる
後傾型のスーパインボード（写真5-23）があります。首の
すわった子どもの場合は、天板で手指活動ができるプロー
ンボードを活用する場合がほとんどですが、首のすわりが
安定していない子どもの場合には、スーパインボードを活
用し、負担のかからない程度の角度にします。この立位は、

写真5-21　立位台

将来の歩行や立位を目指し
て行っているわけではあり
ません。日常的に立位を
行っていない子どもの場合
には、どうしても、大腿骨
の先が入る臼蓋の形成不全
を起こしやすくなります。
図5-11を見てもらうと分
かると思いますが、正常な
股関節の場合には、かなり

写真5-22　プローンボード

写真5-23　スーパインボード

大腿骨の先が臼蓋へ入っていますが、立たない子どもの場合
には、臼蓋が形成されていません。図5-12のように、臼蓋
が形成されていないと脱臼しやすくなります。この臼蓋は、
適切な姿勢で立つことで形成されるため、立位台などの活用
による股関節への重力の負荷は低学年のうちから心掛けて
おくことが重要です。また、立位により、視線の変化や足底、
体幹の感覚機能の向上を期待できます。立位台と同様に、
P55（写真5-2参照）のSRCウォーカーはとても便利なウォー
カーです。体重を鞍で支えることができるため、足で床を蹴
ることができれば、前に進むことが可能です。また、プロー
ンボードと同様に活用でき、座った状態で、天板上でおも
ちゃやタブレットで遊んだりすることも可能です。この場合
のウォーカーによる歩行は、将来の歩行を目指しているわけ
ではありません。しかし、このウォーカーでの活動は、下肢
の交互性の動きや自発的な動きの誘発につながります。意図
的に床を蹴って進まなくてもいいのです。偶発的な足の動き
が、子どもを前に進ませたことは貴重な経験になるはずで

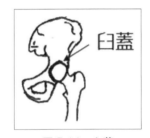

図5-11　臼蓋

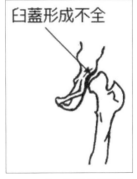

図5-12　臼蓋形成不全

63

す。つまり、自分の力で移動できる経験を体感したことになります。また、痙直型四肢麻痺の子どもの多くは活動すると、下肢の緊張により、足が内転する場合が多いのですが、このウォーカーを活用した場合には、座っている鞍で足がブロックされ、外転位を保つことが可能になります。も

し、それでも足がクロスする場合には、図5-13のように、SRCウォーカーの鞍の下に、段ボールで仕切りを付けるとクロスが防げます。また、図5-14のように、子どもの後ろから、おしりと膝をブロックしながら、立位に近い姿勢も経験させることも可能です。さらにこの

図5-13　SRCの仕切り

図5-14　SRCでの立位

ウォーカーに乗っている姿勢は、前傾の抗重力位になるので、呼吸にも良い影響を与えます。全然足の動きがない子どもでも、乗せていることで、腹臥位に近い状態を経験でき、姿勢変換の一つになります。このように、この歩行器は障害の重い子どもにとって、様々な活用ができ、とても有効なウォーカーになります。また、体の小さな子どもの場合には、写真5-24のようなUFOウォーカーの活用も考えていいかもしれません。このウォーカーには簡単な股受けがあり、全方向への移動が可能になります。一番の魅力は手が活用できることです。

写真5-24　UFOウォーカー

　また、教師が直接指導しながら、抗重力位にさせる場合には、図5-15ように、子どもの後ろから指導しながら立位にして机上のおもちゃで遊ばせます。この場合には、足の外転を維持するため、ロールを活用すると有効です。ロールの後ろを少し高く設定すると、子どもは前傾した姿勢になるため立ち上がりやすくなります。また、ピーナッツボールを活用することで、子どもを腹臥位にした状態から、少しずつ立位に近い姿勢にしていき、最終的には、立位を経験させることも可能です（P36参照）。

図5-15　立位への支援[1]

　2、3の目標については、小まめな姿勢変換や姿勢保持が当然必要になりますが、能動的な活動を行うための姿勢を取り入れることも重要です。痙直型四肢麻痺の子どもの場合には、どうしても自発的な動きが少ないため、ほとんどの姿勢で受身的に学習を行っ

ています。しかし、腹臥位の姿勢では上肢を活用し
やすくなり遊ぶ姿も見られます。例えば、図5-16
のように、三角マットを活用すれば、胸や腹部を支
持することで、頭部の挙上を促しながら、上肢を活
用させることもできます。もし、一対一活動が可能
であれば、図5-17のように、教師の大腿部の上に、
子どもを腹臥位にして遊ばせてみましょう。この場
合には、子どもの様子を見ながら、自分の大腿部を
上下に動かすことで、子どもの体が左右に傾き、姿
勢を戻してくる立ち直り反応が期待できます。また、
腹臥位、側臥位とともに、左右対称の座位は、側弯
予防につながります。適切な左右対称の座位を一日
一回は経験させてください。

図 5-16　三角マットでの腹臥位[2]

図 5-17　腹臥位での活動[1]

　7の目標ですが、経口摂取を行っている子どもは、
常に、食後には歯磨きをしてもらっていると思いま
す。口腔ケアは、食後に限らず、「自立活動の時間
における指導」でも、取り入れていい内容です。一
方、経鼻経管栄養や胃ろうの子どもの場合には、保護者の中には、食べなければ歯磨き
はあまり必要ないと思われている場合も見られますが、これは大きな間違いで、食べな
いことは、口腔内をどんどん汚くしていくことにつながり、食べない子どもほど、しっ
かりとした口腔ケアが必要になってきます。通常の人でも就寝時間には唾液等を誤嚥し
ているといわれていますが、それでも、私たちが誤嚥性肺炎にならないのは、誤嚥した
ものを気付かないうちに、気管の繊毛運動により排痰し、さらにその人の持つ抵抗力に
より、誤嚥性肺炎を抑えているからです。しかし、口腔ケアをしていない場合には、口
腔内の汚れがひどくなり、その汚れた唾液を誤嚥することで、誤嚥性肺炎を起こす可能
性が高まります。また、逆流した嘔吐物が肺に入ると胃酸などの影響も加わり、さらに
誤嚥性肺炎の発症リスクを高めることになります。気管と食道を完全に分離（喉頭気管
分離術）しておかないと、食べなくても誤嚥性肺炎になる可能性は避けられません。そ
のため、経管栄養の子どもであっても、唾液や分泌物などを飲み込める能力が落ちない
ようにしないといけません。つまり、毎日の口腔ケアを継続することは、経管栄養の子
どもであっても、経口摂取の子どもと同様に必要になってくるのです。

　最後に、1の目標になりますが、これは保護者との綿密な話し合いが必要不可欠です。
家庭の環境や介助する人は誰なのか、子どもが大きいのか小さいのかなどの様々な要因
で違ってきます。基本的には、介助者と一緒にADLを成立させると考えましょう。そ
のため、決まった動作はありません。子どもによっては、数秒の立位かもしれませんし、
椅子に座っておくことかもしれません。または、更衣の時の万歳の動きかもしれません。

一般的には、抗重力位の姿勢が望まれることが多いので、4、5、6の目標の指導と重なることが多くなります。

③ 脳性麻痺（アテトーゼ型）

　アテトーゼ型の脳性麻痺の原因は、脳の中心部にある大脳基底核の損傷だといわれています。近年は医療の進歩により、大脳基底核のみの損傷によるアテトーゼ型脳性麻痺はあまり見られなくなりました。その一方で、重度な仮死や低酸素状態による脳の広範囲の損傷でのアテトーゼ型脳性麻痺が見られる場合が多くなっています。その場合には、脳全体に損傷を受けているために、重度な運動障害や知的障害が出現します。アテトーゼ型は筋緊張が強くなる緊張型アテトーゼと不随意運動が目立つ非緊張型アテトーゼに分けられています。しかし、学校現場では、筋緊張の変動が激しく、過緊張から低緊張まで筋緊張が変動し、抗重力位が困難なタイプと上肢の不随意運動が激しく、下肢に痙性が見られるタイプに分けた方がわかりやすいと思います。この二つのタイプでは、子どもの状態像が違うために指導方法も必然的に違ってきます。アテトーゼ型の主な症状は、筋緊張の変動で、この変動をいかに小さくしていくかが指導の重要なポイントになります。

（1）上肢の不随意運動が激しく、下肢に痙性が見られるタイプ
① 定義や症状

　図5-18のように、緊張型アテトーゼの下肢に痙性を伴うタイプでは多くの場合、姿勢を保つことが可能です。不随意運動は、上肢に強く、下肢は上肢よりもコントロールすることが可能な場合が多いといわれています。このタイプのアテトーゼ型の子どもは知的に高い場合が多く、指示理解は可能で、内言語も豊富に持っています。そのため、学校では学習クラスの教育課程で、机上での教科学習を行っている子どもも少なくありません。指示理解が良好で、また、真面目に努力するタイプの子どもがほとんどなので、自立活動にも積極的に取り組んでくれると思います。そのため、教師も一生懸命になり、つい無理をさせてしまうことがあるので気を付けましょう。また、机上学習が中心になる場合が多いことから、総授業時数との関係で、「自立活動の時間における指導」が

図5-18　立位[2]

あまり設定できない子どもが多いと思います。さらに、構音障害が見られるため、慣れた人でないと子どものおしゃべりの内容が分からない場合も少なくありません。そのた

め、子どもの実態に応じたコミュニケーション手段を身に付けさせることが大きな目標の一つになります。運動面では、抗重力位を取れることも多く、割座や膝立ちでの移動などができたり、また子どもによっては、自力歩行や介助歩行ができる場合もあります。

② 目標設定

1　ADL を少しでも自分で可能にする・・・下肢に痙性を伴う場合のアテトーゼ型では、知的に高く、指示内容が理解できる子どもがほとんどで、自立活動の学習内容にも積極的に取り組みます。しかし、不随意運動のため、ADL の中でなかなか確立できていない事項も少なくありません。

2　机上学習に安定して取り組める・・・知的に高いことで、学校ではかなり机上学習も行っていると思います。しかし、上肢には不随意運動が出現するので、机上学習を安定して行うことが難しい場合もあります。

3　障害の状態に応じた移乗動作や移動ができる・・・移動面については、電動車椅子の導入や SRC ウォーカーによる移動も行っていると思います。

4　下肢の可動域を維持する・・・意外と忘れられているのが、下肢へのアプローチです。上肢と比較し不随意運動が少ないため見過ごされることが多いようです。

5　発声・発語や摂食嚥下機能を維持向上する・・・発声・発語が難しい場合には、AAC の導入も視野に入れることが必要になってきます。

③ 指導の具体的な在り方

　1の目標に関しては、介助が必要な場合が多いと思います。更衣や食事、入浴などの動作は一人で行うことは難しいでしょうが、全介助ではなく、どの動作ならできるのかを、子どもや保護者と話し合い、その動作については、繰り返し学習させることが重要です。例えば、更衣の時には、椅子に安定して座っていられる。これだけで、保護者や教師が子どもの更衣を介助する際に子どもを支えなくてもよくなります。このように、ADL の事項のどの部分を子どもが行うのかを決め、個別の指導計画に盛り込んでいく必要があるでしょう。また、アテトーゼ型の場合、他のタイプと違い、ある程度の年齢になっても、新しい運動学習が成立する場合があることが分かっています。そのため、高学年になっても繰り返し学校では学習を続けることが必要です。

　2の目標の場合には、子どもが机上学習を行うのに適した環境を設定することや福祉機器の導入などが改善策として大きな手段になります。まずは、机上学習を安定して行うには、車椅子の適切な設定が必要不可欠です。保護者やセラピストと話し合いながら、子どもが最も学習しやすい姿勢になるように調整していきましょう。また、上肢の不随意運動が激しい子どもでは車椅子の天板に、握り棒や図 5-19 のようにテープなどで片手側をブロックし、活動し

図 5-19　車椅子テーブルの工夫[2]

やすい方の手で、学習やスイッチ操作をさせていきます。このように、実際の授業の中で、必要に応じた環境設定を行っていくことが重要です。大切なことは、どうしてもこの型の子どもの場合には非対称性の動きが出てくるので、活動では正中位（真ん中）を意識させることが重要なことになります。

　3の目標である歩行や立位が身に付いていない場合には、プローンボードなどを活用し、立位経験を増やしていきます。立位は、歩行や立位獲得につながる可能性が少ない子どもでも、股関節の形成を促すために行うことが必要です。移乗動作としては、図5-20のように床から椅子へ、もちろんこの動きは、車椅子への移乗動作としても活用できます。直接、床から車椅子への移乗が難しい子どもの場合には、この動作をぜひ取り入れてください。

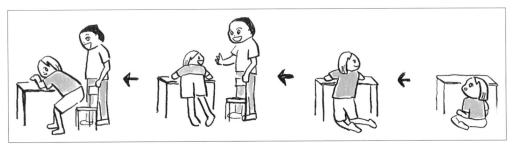

図5-20　床から椅子への移乗の様子[2]

　左右対称や筋力強化の一般的な内容としては、図5-21のように、両足の足底でしっかり床を支えて、おしりを持ち上げ、体を踏ん張るように促します。おしりの動きを促すことで踏ん張る感じを子どもはつかめてきます。この活動で、足底への刺激と体幹筋と殿筋（おしりの筋）の活性化を図ります。また、図5-22のように、腹臥位で、上肢を伸ばし、体を支える経験をさせることも有効です。このとき、肩から圧をかけながら、両上肢の左右対称姿勢を体感させていきます。子どもによっては、P65の図5-16のように、三角マット等を活用し、体の真ん中でおもちゃなどを活用しながら遊ぶことも効果があります。

　次に子ども自身が行う大きな姿勢変換としては、安定した姿勢の割座　→　膝立ち　→　四つ這い　→　腹臥位への練習を学習に取り入れ、子どもが難しい箇所を教師が介助してあげます。このタイプの子どもの場合は、指示が通り、意欲的に取り組むこ

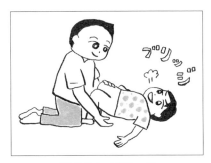

図5-21　ブリッジ

図5-22　上肢支持[4]

とが多く、少しの指導で姿勢変換が徐々に上手になっていきます。これらの姿勢変換は、家庭や学校での日常生活で必要な粗大運動の基礎になります。また、図5-23のような介助立位が可能なら実施してください。このときは、なるべくゆっくり立たせます。立たせることも目標にはなりますが、膝を曲げる筋肉と伸ばす筋肉が同時に働くようにすることが一番の目的になります。可能であれば、膝関節がある程度曲がった状態で保持してみましょう。このことで、アテトーゼ型の子どもが苦手な持続的な筋収縮を学習させていきます。このときの子どもの手は教師の肩の上に置くことで、左右対称の姿勢を維持させていきます。

図 5-23　介助立位[1]

　前にも述べましたが、アテトーゼ型の場合には、脳性麻痺の他の型よりも、時期が遅くても粗大運動の獲得が可能になる場合があり、小学部高学年でも新しい粗大運動を獲得した事例もありました。さらに、周りの環境を活用した粗大運動として、机を活用したつかまり立ちや壁を背にした壁立ちなどの練習も取り入れていきましょう。これらの動作には、上肢や背中の有効な活用が必要になりますが、子どもは練習により、情報をフィードバックしながら安定した姿勢を獲得していくことが可能です。一度身に付いた動きは、教師は安全性の確保だけで、子どもが自主的に行ってくれると思います。これらの動作の繰り返しが ADL の向上や教師、保護者の介助量の減少につながり、結果として高い QOL を子どもにもたらすことになるのです。

　4の目標は意外と忘れられていることが少なくありません。上肢の不随意運動は目立ちますが、それと比較すると、下肢の動きが少ないことが原因でしょう。緊張により、股関節、膝関節、足関節の可動域が狭くなりやすいので、痙直型両麻痺のタイプと同様に、ストレッチは忘れないように取り入れてください。

　5の目標の摂食嚥下動作はプレスピーチとなるため、毎日の給食時間における適切な動きの積み重ねが、発声・発語や摂食嚥下機能の維持向上に大きく影響してきます。それとともに、歯磨き指導での舌へのアプローチなども、毎日継続して実施できる有効な指導となります。また、アテトーゼ型の不随意運動は情緒面の不安と関係しているといわれています。顔の模倣遊びなど、遊びの要素を取り入れながら、口形模倣などを行うと効果的にできるかもしれません。発語がどうしても聞き取りにくい場合には AAC（P100 参照）の導入も考えていく必要もあります。

（2）筋緊張の変動が激しく、抗重力位が困難なタイプ

①　定義や症状

　筋緊張の変動が大きく、抗重力位のとれないアテトーゼ型の子どもは、体全体の緊張

が強い状態から弱い状態まで変動し、座位などの抗重力位を保てません。仰臥位で寝ていても、左右対称的な姿勢は難しい場合が多く、図5-24のように大きく反り返る動作がみられます。リラックスしている時には、介助座位が可能な場合もありますが、呼吸状態や摂食機能に問題がある場合が多く、筋緊張が強い時には、呼吸が苦しくなり、そのことがさらに姿勢を悪くしていきます。緊張をコントロールすることが難しいため、頭部が後方に大きく反り返ると、呼吸が苦しくなり、さらに姿勢が不安定になる様子

図5-24　腹臥位での反り[2]

が見られます。このように、呼吸状態や摂食機能も難しい場合が多く、経鼻経管栄養や胃ろうなどの医療的ケアを行っている子どもも少なくありません。緊張が強い場合には、精神安定剤や筋弛緩薬を内服している子どももいます。仰臥位や腹臥位よりも座位保持椅子や抱っこしてあげると落ち着く場合が多いようです。

② 目標設定

　筋緊張が過緊張から低緊張まで変動し、抗重力位のとれないアテトーゼ型の子どもの場合は、状態像はかなり重度です。このタイプの子どもの目標としては以下のことが考えられます。

1　呼吸の安定や原始反射の出ない姿勢をとることができる・・・家庭や病院、前担任との引き継ぎが重要です。しかし、教師の体の大きさや指導技術にも違いがあるので、引き継いだ内容がそのままうまくいくとは限りません。子どもとの関係性から、自分なりのやり方を見つけていくことが大切になってきます。

2　左右対称の姿勢を経験できる・・・子どもは原始反射に影響され、非対称的な姿勢になっていることが少なくありません。そのことで変形や拘縮が進む可能性があります。正中位での活動をなるべく多く経験させることが重要です。

3　筋緊張の安定した姿勢を確立できる・・・1の目標を一段進めた目標になります。筋緊張の落ち着いた状態で、さらに呼吸状態や唾液の誤嚥の心配が少ない姿勢となる側臥位や腹臥位を確立することになります。

③ 指導の具体的な在り方

　通常は、仰臥位でリラックスできるのですが、一度、筋緊張が強くなると、仰臥位でも体幹のねじれを伴う非対称的な反り返りが出現します。一旦、姿勢が崩れてしまうと、その動きが呼吸状態を悪くし、そのことがさらに激しい姿勢の崩れを誘発します。

　1の目標は、どのような姿勢が、子どもに最も安定した呼吸や筋緊張を提供できるのかを子どもと教師で探すことになります。どのような姿勢が落ち着くのか、前担任と引き継ぎを行ったと思いますが、実際やってみると、子どもの緊張は安定せず、なかなか落ち着かないことも多いのではないでしょうか。その原因としては、教師の体の大きさや指導技術、声掛けや声のトーンなどが微妙に関わっているのかもしれません。子ども

とのラポール関係を築きながら、触ることによって、子どもが落ち着く姿勢を探し当てることが必要になってきます。このタイプの子どもの場合には、仰臥位よりも、抱っこの方が落ち着くことが少なくありません。図 5-25 のように、子どもの体全体を包み込み保持してあげましょう。体育座りやあぐら座位が落ち着くことが多いようです。落ち着く姿勢を必ず毎日経験させることが重要になってきます。

図 5-25　抱っこでの支援[1]

　2 の目標としては、図 5-26 のように仰臥位で子どもの手と手を合わせたりすることで左右対称を教えていきます。また、腹臥位で、図 5-27 のように、手と手の中におもちゃを入れたりしてみましょう。さらに状態が安定している場合には、図 5-28 のように子どもの上肢の伸展を促しながら、手つき座位を経験させることができるかもしれません。座位保持椅子を活用した学習としては、まず、握りやすい棒の把持や保持などの練習から、正中を超えた動

図 5-26　仰臥位での左右対称[2]

図 5-27　腹臥位の遊び

図 5-28　手つき座位[2]

図 5-29　セラピーボールでの腹臥位

きなども誘導させつつ左右対称の学習を行うことが大切です。

　3 の目標は、1 の目標と同様に、筋緊張の落ち着いた姿勢でなおかつ、呼吸状態や誤嚥の心配の少ない姿勢として安定した側臥位や腹臥位を確立することになります。腹臥位は最初嫌がる子どもも多いようですが、図 5-29 のようにセラピーボールを活用して、腹臥位の気持ちよさや落ち着きを体感させてください。セラピーボール上で、ゆっくりと前後左右に揺れを与えると落ち着く場合も見られます。この場合には、立位を経験させたいわけではないので、ピーナッツボールより、前後左右に動かせるセラピーボール

の方が適切だと思います。もし、活動にかなり慣れてきたら、少し傾きをかけて立ち直り反応を誘発しても良いかもしれません。腹臥位での心地よさを経験させ、腹臥位ポジショナーへの活用までつなげていくことが大切です。ポジショナーを活用し、股関節、膝関節、頸部を屈曲位にすることで、緊張を落とした安定した姿勢となり、健康を保持することが可能になります。

 4 脳性麻痺（痙直型片麻痺）

（1）定義や症状

図 5-30　仰臥位

　この型の原因としては、周産期の脳梗塞や頭蓋内出血、急性脳症などがあります。近年の周産期医療の進歩により、最近は片麻痺の子どもをあまり見かけることが少なくなってきました。片麻痺の子どもは、多くのことが麻痺のない手で可能となるため、麻痺側の手を使うことを嫌う傾向があります。そのため、非麻痺側の上肢や下肢などを活用し続けることで、徐々に麻痺側の上肢や下肢の痙性が強くなり、そのことで、さらに麻痺側を使うことを嫌がる様子が見られます。また、両手の運動や感覚にも大きな差が出てくるために、両手の協調動作の経験がほとんどありません。仰臥位では、図 5-30 のように、麻痺側の上肢や下肢は屈曲になる場合が多く見られ、腹臥位では、麻痺側の上肢が体の下に入り込むとなかなか引き出すことができません。座位では、麻痺側が後ろに引かれた座り方になり、おもちゃなどを非麻痺側に置き遊ぶ姿勢が見られます。また、座位での移動は、

図 5-31　いざり移動[3]

非麻痺側のおしりをつけ、図 5-31 のようないざり移動をする姿が多く出てきます。速く移動できますが、その分、麻痺側の上肢などの屈曲はさらに強くなります。椅子座位では、非麻痺側に重心を乗せるために、麻痺側のおしりが座面から浮きやすくなり、さらに机上で学習を行う場合には、非麻痺側を使うために、より左右差が大きくなることになります。その場合、図 5-32 のように麻痺側の隙間を埋めるような形でクッション等を入れると、座面が広くなり、安定する様子

図 5-32　座位支援[1]

が出てきます。多くの子どもが健常児と比較すると、遅れはありますが立位や歩行を中心とした粗大運動の獲得については、可能となる場合がほとんどです。歩行では体重を非麻痺側に乗せて歩きます。子どもの痙性の強さにより様々ですが、図5-33のように麻痺側の痙性が弱い場合には、かかとを床につけ、膝が反張膝（逆に反った状態の膝）になります。一方、痙性が強い場合には、足は尖足で、かかとをつくことが難しくなり、麻痺側の上肢は屈曲が強くなります。

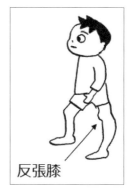

図 5-33
左片麻痺の立位[1]

（2）目標設定

　基本的には、左右対称的な姿勢や動きを引き出すことと、歩行や階段昇降での安定性を高めることが必要です。もちろん、ADL でまだ身に付いていない内容があれば、獲得させることも忘れてはいけません。具体的な目標としては以下のようになります。

1　ADL を確立する・・・ほとんどの子どもが ADL は身に付けることが可能です。
2　左右対称的な姿勢や動きを行う・・・麻痺側は、長年にわたって活用した経験がないため、触覚などに感覚異常がある場合が多く、活用することを激しく嫌がる子どもも少なくありません。
3　安全な歩行や階段昇降などができる・・・歩行ができても安定性に欠ける場合があります。
4　麻痺側の上下肢の可動域の確保を行う・・・日常生活ではどうしても、非麻痺側を使うため、麻痺側の緊張はさらに強くなり、可動域が狭くなっていく傾向があります。

（3）指導の具体的な在り方

　1の目標は、保護者と連携を図りながら、学校生活、家庭生活において、ADL が確立されていない内容をチェックしていきましょう。意外と学校生活では全て自立していても、家庭では保護者の介助を受けている場合も見られます。一番多いのはおそらく入浴での自立だと思います。家庭のお風呂の深さや大きさ、手すりなどを考慮に入れて、なるべく近い状態を学校で設定し、同じような動作を繰り返し練習させることが有効です。もしも、ADL の内容で、安全性を保障することが必要な内容の場合には、非麻痺側の活用を重視する柔軟な姿勢も必要になってきます。

　2の目標については、両手や麻痺側を活用する必要性のある環境を設定することが重要になります。例えば、麻痺側から声をかけたり、働きかけたりすることで、少しは左右対称的な動きを誘発できるかもしれません。この場合、支持面が安定しないと、非対称性が顕著に出やすくなります。一方、机上を活用することで、麻痺側の腕で机上のプリントを押さえたり、教科書を押さえたりの動作を引き出すことが可能です。そのことが、両手の協調動作につながっていきます。具体的には、以下のような内容が考えられ

ます。

- ・お散歩カートを押させる
- ・図5-34のような麻痺側での横座りの練習
- ・大きな箱（空箱）を両手で運ぶゲーム
- ・両手を使う楽器（トライアングル、カスタネット、シンバル、ウッドブロック・・・）などの活用
- ・両手を使うおもちゃ（ままごとざっくり、ねじ遊び・・・）などの活用（図5-35）
- ・二人でシートを両手で持ち、ものを乗せて運ぶゲーム
- ・ねじ式広口ボトルでの水分補給
- ・机上学習で、図5-36のように机の端を保持して、字を書く。難しい場合には握り棒などの設定をする

図5-34　横座り[2]

　このような内容は、日常生活で両手を使う場面と「自立活動の時間における指導」での活動に分けて考えていくと多くの内容が設定できると思います。

　3の目標は、実生活の中で、階段昇降の必要性があるのか、ある場合には手すりはどうなっているのか等を保護者から聞き取り、その状態に最も近づけた環境を設定して、繰り返しの運動学習を行っていくことが重要です。家庭での階段の段差はどの程度の高さなのかは、きちんと把握しておき、自立活動の内容に取り入れていきます。この活動の場合には危険が伴うことから、安全性を保障するために、非麻痺側の活用を中心に行うことが重要になります。歩行に関しては、図5-37のような幅広の平均台歩行、トレッドミルでの左右対称的な歩行の経験を行わせることも考えられます。また、対称的な筋力トレーニングは歩行の基礎力になるので、例えば、ブリッジ（P68参照）による体幹筋や殿筋の強化、三輪車での移動なども取り入れてください。

図5-35　両手の協調動作[2]

図5-36　机上学習[1]

　4の目標に関しては、最初は、「自立活動の時間における指導」で取り組むことになるでしょう。麻痺側のストレッチが可能な子どもであれば問題はありませんが、麻痺側を全く活用したことがない場合

図5-37　平均台での歩行[5]

や感覚異常が麻痺側にある子どもでは、強い拒否が見られることも少なくありません。この場合には、両手を使う活動や手遊び歌などを取り入れながら、まずは麻痺側に教師が触れることのできる人間関係を形成することがスタートになります。上肢のストレッチは、写真 5-25 のように、肩関節の外転、外旋、腕の回外動作や両手万歳などが有効です。また、麻痺側の手には握り込みが見られるた

写真 5-25　上肢ストレッチ[3)]

め、夏になると不衛生になる場合があります。最初は、教師が拭いてあげますが、次第に自分自身でできるように、習慣づけることが大切です。下肢の方は、麻痺側の足首が硬くなっているかもしれません。歩行が頻繁になればなるほど、麻痺側の尖足が強くなります。知的に高い子どもの場合は、自分でできるストレッチを教えてあげ、毎日取り入れるように、宿題で出してあげましょう。保護者の中には病院の訓練にはまめに連れていくものの、病院任せにされている方もいます。しかし、宿題で出すと、保護者の意識も変わる可能性もあります。例えば、図 5-38 のような足首やふくらはぎのストレッチ、股関節の外転、外旋（外側へ回す：右足は時計回り、左足は反時計回り）、体幹筋へのストレッチなどは教えてあげることが重要です。

図 5-38　下肢のストレッチ[5)]

　ここまで、痙直型片麻痺の指導について述べてきましたが、あまり麻痺側の活用にこだわらずに、両手を活用する遊びや動作を取り入れていく柔軟な姿勢も大切です。麻痺側を活用することは重要ですが、難しい場合や子どものストレスになることも少なくありません。その場合には、図 5-39 のように、麻痺側は、非麻痺側の補助活動を行う手として活用させることも考慮に入れてください。

図 5-39　麻痺側の活用

5 重症心身障害児

（1）定義や症状

重症心身障害児は医学的な診断名で
ないため、ここに書くべきか迷いまし
たが、普段この用語が使われているの
で記載しています。重症心身障害児と
は、重度の肢体不自由と重度の知的障
害を併せ有する子どものことです。元
東京都立府中療育センター院長の大島
一良氏の「大島の分類」（図 5-40）を
参考にするのが分かりやすいと思いま

IQと移動能力による分類方法で、1～4が重症心身障害児とされている。					知能指数
21	22	23	24	25	80
20	13	14	15	16	70
19	12	7	8	9	50
18	11	6	3	4	35
17	10	5	2	1	20
移動能力 走れる	歩ける	歩行障害	座れる	寝たきり	

図 5-40　大島の分類[6]

す。この中で、1～4が重症心身障害児になり、5～9は周辺児と呼ばれています。また、
医学的な管理下（気管切開、人工呼吸器、経管栄養など）に置かなければ、呼吸や栄養
を取ることも困難な最重度の障害の状態にある子どもを超重症児と呼ぶ場合もありま
す。最近は、医療の発達により、気管切開や経管栄養でも、歩けたり、しゃべれたりす
る子どもも見られ、このような子どもの場合には、従来の重症心身障害児の枠には入ら
ないことになります。特別支援学校で医療的ケアが施行されたことで、通学している重
症心身障害児も多くなってきました。以前だと訪問学級
対象の子どもも、通学していることが少なくありません。
このような重症心身障害児の中心的な疾患は脳性麻痺に
なります。重度な脳性麻痺児の場合には、小学部入学後、
体の成長と共に、側弯が急激に進み、肋骨と骨盤とがこ
すれ合うようになったり、股関節が脱臼したりなどの体
の変形拘縮がしばしば起こります。また、このような変
形は呼吸障害を発症する原因にもなります。さらに胸郭
の変形や陥没呼吸などが、胃食道逆流症などを誘発し、
誤嚥につながったり、また嚥下力は維持されていても、
後頸部の伸長により誤嚥の危険性が高まり、経口摂取が
難しくなる場合もあります。そのため、小学部の時には、
口から食べていた子どもが、経鼻経管栄養や胃ろうにな
る姿は、先生方も見たことがあるのではないでしょうか。
また、下顎後退や舌根沈下（図 5-41）などによる上気道
（図 5-42）閉塞などで気管切開になる場合も少なくあり
ません。

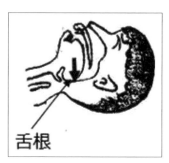

図 5-41　舌根沈下

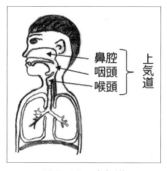

図 5-42　上気道

（2）目標設定

　目標設定は、かなり難しいものになります。多くの先生方が目の前の重症心身障害児と対峙されて一体何から行えばいいのか、困惑されているのではないでしょうか。私もどのような目標設定が適切なのかいつも迷いながら、試行錯誤を繰り返していました。もちろん、一口に重症心身障害児といっても、子どもの実態にはかなり違いがあります。もし、疾患が中枢性の麻痺がある脳性麻痺などであれば、粗大運動の向上を目標にするのは難しいと思います。理由としては、P14 の図 1-1、1-2 が示しているように、脳性麻痺児の場合には、粗大運動の能力や機能の発達は期待できないこと、また今まで寝たきりや座位での生活のため、抗重力位の経験が少ないことが大きな理由になります。それと共に、知的レベルでも難しい子どものために、達成感や成就感を感じることは困難かもしれません。そのため、子どものやる気を高める強力な強化子の設定が必要になりますが、この設定が難しいことは先生方も痛感されているのではないでしょうか。そう考えると、粗大運動の発達を狙うことは、中枢性の麻痺の疾患では特別な子どもでない限り難しいと考えるのが妥当でしょう。一方、染色体異常などの麻痺の見られない子どもの場合には、発達は遅滞していますが、自由な動きを持っている場合が少なくありません。このような子どもの場合には、適切な強化子などを用いて指導を行うことで、粗大運動の発達も期待できます。つまり、同じ重症心身障害児でも疾患や状態像により、指導目標や指導内容が大きく変わってくる可能性があります。

　ここでは、中枢性の麻痺がある子どもの場合として、指導目標と具体的な指導の在り方を述べていきます。

1　健康を維持向上する・・・おそらく、この指導目標が最も大切な目標となることに異論はないと思います。
2　変形拘縮の進行を防ぐ・・・上記の目標の中に含まれると思いますが、ほとんどが寝たきりの子どもになることから、どうしても体の変形拘縮が進むことになり、それを防止することが重要です。
3　呼吸状態を維持する・・・この目標も、1 の目標の中に含まれると思いますが、呼吸状態で全く問題のない子どもはいないのではないでしょうか。
4　何らかのコミュニケーションを発信する・・・これは、表情や発声、もしくは指先の動きかもしれません。その変化を教師が見逃さないことが重要です。

（3）指導の具体的な在り方

　目標の 4 のコミュニケーションから述べていきます。目の前の障害の重い子どもを見ていると教育の力で子どもが変容するのか悩まれるのではないでしょうか。私も最初に障害の重い子どもを担当した時、恥ずかしいことに教育の効果を実感できませんでした。しかし、何年も多くの子どもを見てくると、担任の子どもへの刺激の継続がとても有効であることが分かってきました。基本的に自分から動く、またはしゃべる子どもはほと

んどいないと思います。子どもが見たい風景は、担任がその風景の方へ子どもの姿勢を向けなければ見ることはできません。また、コミュニケーションが図りたくても、担任から関わっていかなければ、コミュニケーションは成り立たないのです。つまり、子どもの学校での活動は、担任が決定しているといっても過言ではありません。このように、担任の子どもへの働きかけにより、子どもは様々な刺激を受容し、学習していくことになるのです。大げさに言うと、子どもの目や足、考えとなっているのが担任なのです。それだけ重要な仕事であることは間違いありません。

　話がずれたので元に戻りますが、子どもは重複学級に在籍していて、おそらく、子ども３人に対して、２人の教師で担当している場合がほとんどだと思います。このような体制のため、一対一で子どもと接することができる機会も少なくありません。まずは、子どもに様々な刺激を入れて、その反応を見てみましょう。反応がない場合も多いかもしれませんが、こちらから子どもに発信していかなければ、授業はほとんど成り立たない、または行われないのです。

　重症心身障害児の場合には、視覚情報が適切に入っていない場合も少なくありません。聴覚刺激や触覚刺激、または固有覚、前庭覚などすべてにわたって何度も入力してあげると、子どもによっては、違う反応が見られる場合もあります。重度な子どもほど、様々な刺激を与えてその反応を丁寧に観察してください。おそらく多くの先生方が最初は、絵本やビデオ、パソコン、タブレットなどの視覚と聴覚の刺激を活用されるのではないでしょうか。もし、上手くいかない場合には、手遊び歌などの聴覚と触覚を中心に活用した刺激、それでも難しい場合には、抱っこしながらのトランポリンなどの活用で、固有覚や前庭覚、さらに歌も一緒に歌ってあげれば、聴覚への刺激にもなります。また抱っこしているわけですから、触覚刺激も入っています。

　つまり、子どもの体に触れながら、子どもの変容を観察していくことがコミュニケーションのスタートになります。もちろん、前担任との引継ぎを考慮に入れて、スタートしないといけないことは当然の話です。また、具体的な実態把握として、下肢や上肢の可動域はどうか、体の変形や拘縮はどうか、どこに触れると緊張しやすいのかなど、とにかく体に触れたり、抗重力位を作ったり、姿勢変換したりしてあげることです。毎日、子どもに接することは、子どもを理解するために最も大切なことであり、また子どもにとってもとても良い刺激として学習になっているはずです。時間的に可能な限り、常に子どもに触れてみてください。

　子どもの微細な反応は教師を大きく成長させてくれます。いつの間にか子どもの特徴を把握していると思います。重症心身障害児の場合には、どうしても経験のなさや恐怖感があり、触ることに抵抗がある教師も少なくありません。しかし、触らないことは子どもや教師にとって悪循環を引き起こすことにつながります。せっかく担任や担当者になったのなら、歌やビデオを視聴させるだけでなく、必ず触ってあげましょう。ビデオを見せる場合も、座位保持椅子で見せるのではなく、抱っこして見せてあげてください。

そうすると、ある特定の音や場面で、緊張が入ったり、少し呼吸が荒くなったりなどの変化が分かるかもしれません。とにかく触ってあげることが一番大切なことになります。コミュニケーションの糸口は、視覚や聴覚で捉えることのできる子どもの変容ではなく、子どもとの触れ合いから把握できる反応になることも少なくないはずです。コミュニケーションの具体的な図り方や特徴については、第6章のコミュニケーションの内容を参考にしてください。

　ところで、目標の1〜3は、明確に分けられるものではありません。そのため、具体的な内容も重なり合っているので、まとめて説明していきます。

　一対一対応ができない場合には、子どもに適した姿勢保持をしてあげることが重要で、左右対称の姿勢や中間位（P40参照）が基本となります。普段、仰臥位の子どもは側臥位に、目が行き届く場合には腹臥位へ、このような姿勢変換の積み重ねが、必ず有効な結果を子どもにもたらすことになるはずです。また、重症心身障害児の場合には、ほとんどの子どもが呼吸に何らかの問題を抱えていると思います。重い子どもの中には、パルスオキシメーターを常に装着している子どももいるでしょう。子どもによっては、喘鳴が常にする子どもも見られます。

　ここからは、その喘鳴について説明していきます。まずは、喘鳴があるのは、起きているときか、寝ているときかに注目します。寝ているとき、つまり覚醒が低い状態の時に「ガーガー」と音がするのは、舌根沈下（P76参照）の可能性があります。舌根沈下

のため狭くなった気道を息が通るためにこすれる音がします。音がしているときには、写真5-26のように下顎を引いてあげてください。それで音が止まれば舌根沈下と考えてよいでしょう。対応としては、舌が重力で落ちて気道が狭くなり音がするので、姿勢変換が有効になります。その中でも最も有効な姿勢は腹臥位です。しかし、腹臥位が難しい子どもも少なくありません。その時には、図5-43のような前傾側臥位も同程度に有効です。それも難しいようなら、側臥位でも

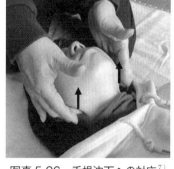

写真5-26　舌根沈下への対応[7]

それなりの効果は見られます。もし姿勢変換が難しいようなら、呼吸状態をスマートフォンで撮影し、保護者や主治医に相談してみましょう。図5-44のような経鼻エアウェイが試されるかもしれません。経鼻エアウェイは、咽頭反射（喉の奥を刺激すると「オ

図5-43　前傾側臥位

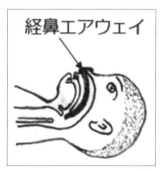

図5-44　経鼻エアウェイ[8]

エッ」となる反射）が強い子どもは、緊張が高くなり嫌がる場合が多いのですが、活用できる子どもの場合には効果はかなり大きなものになります。自分の経験では、経鼻エアウェイが活用できたことで、対象の子どもが同じカロリー摂取で、太ってきた事例がありました。つまり、以前は、呼吸するのにかなりエネルギーを消費していたことになります。改めて、呼吸することの大変さを痛感させられた事例でした。また、どうしてもうまくいかない子どもの場合には、気管切開も視野に入れないといけないかもしれません。

　一方、起きているときのガーガーは、多くは筋緊張による下顎後退になります。舌根沈下は、覚醒が低下して舌が落ち、気道を塞いでいるのですが、下顎後退の場合には、逆に緊張しすぎて、下顎が後ろに引っ張られ、気道が狭くなり音がします。そのため、苦しくてさらに緊張し、気道が狭くなるという悪循環を引き起こしています。姿勢の特徴としては、体や頭部を後ろに反らしている場合が多いようです。

　対応策としては、緊張を緩めることが一番なのですが、この緊張を緩めるということは簡単なことではありません。姿勢の基本としては、図5-45のようにボールポジションを作ってあげましょう。小さい子どもの場合には、抱っこしてあげることで、ボールポジションは作れますし、子どもの安心感を高めることも可能です。そのことで緊張が緩む場合も少なくありません。また、腹臥位ポジショナーで、頭部を前屈させ、股関節、膝関節を曲げた状態にすると緊張は緩みやすくなります。しかし、普段から、腹臥位を経験したことのない子どもの場合には、腹臥位

図5-45　ボールポジション[9]

での胸や腹部への刺激を嫌がり、その刺激で逆に緊張が強くなる場合もあります。そのようなことにならないためにも、小学部に入学した時点から、障害の重い子どもでは全方向への姿勢変換を導入する必要があります。どうしても、ガーガーがおさまらないときには、その様子を保護者や主治医に報告し、抗不安薬や筋弛緩薬などの導入も考えてもらいましょう。

　息を吸うときのガーガーの原因は、上気道が狭くなっている場合が多いのですが、一方、息を吐く場合のガーガーは、気管が狭くなっていることが考えられます。息を吐くときのガーガーは、子どもが起きていても寝ていてもあまり関係ないことが多く、この場合には、気管の狭窄や気管軟化症などが考えられます。気管の狭窄や気管軟化症は、胸部の扁平化や長期間の努力呼吸、感染の繰り返しが原因となります。気管は軟骨でできていて、ちくわのように常に穴が空いています。当たり前のことですが、閉じていたら息ができません。ところが、その構造がもろくなっているため、息を吐くときに、気管が狭くなり、ガーガーの音をさせています。気管支喘息でも同様に、息を吐くときに音がします。気管支喘息は何らかの刺激により気管の壁が腫れたりすることで喘息発作

を起こしているのですが、気管支拡張剤が有効になることが気管軟化症との大きな違いになります。息を吐くときの喘鳴の場合にも、適切な姿勢保持やリラックスさせることが重要です。姿勢ではボールポジションを中心に、前傾や腹臥位をとらせリラックスさせながら対処していきます。呼気での喘鳴の場合には、看護師との連携を図ってください。酸素を投与したり、人工呼吸器の必要性がある場合も考えられます。

　もう一つ喘鳴として、分泌物（痰や鼻水、唾液）が気道にたまって、音がする場合があります。この場合の音は、ゴロゴロ、ゼコゼコという音なので違いが分かると思います。健常児の場合には、分泌物のほとんどは、気管のせん毛運動により気管から排出され、無意識に飲み込んでいます。もちろん、重症心身障害児でも同様に行われていますが、分泌物が気道に残っているので喘鳴がすることになります。その場合の対策法としては、咳をして自分で排痰する方法が最も有効な方法です。私たちも、風邪を引いて気管支炎などになったときにやりますよね。しかし、重症心身障害児にとって、自分で意識して咳をすることはかなり難しいことです。なぜなら、咳をする場面を想像してみましょう。

　まず、空気を吸い込む　→　少しだけ息を止める　→　咳をする　という工程を、意識的に咳をする場合には行っています。これは重症心身障害児には簡単ではありません。さらに、胸郭の変形、扁平化や無気肺の状態も考えられるので、肺活量も低下していることは想像に難くありません。さらに難しいことは自分で意識して、大きく息を吸えないことです。そのため、なかなか自己排痰ができる子どもはいないので、吸引を行うことになるのです。もちろん、教師としては、なるべく子どもが吸引しなくてもすむ状況を作ることを念頭に置かないといけません。

　では、実際、どのような対応ができるのでしょうか。以下に述べていきます。

　ア　姿勢変換で分泌物が出やすい姿勢を作る　→　体位ドレナージ

　イ　気道の確保　→　下顎を引き上げるなど

　ウ　痰を動きやすくする　→　水分補給、空気の加湿、ネブライザーによる加湿など

　エ　呼吸介助による排痰の促進

　オ　吸引する

　ア〜エのことは教師が可能なので、吸引の前や日常でぜひやってみましょう。

　アの体位ドレナージについては、詳しくはP132を見てください。

　イについては、気道を広く確保できれば、分泌物はあっても、吸引まではする必要はなくなるかもしれません。

　ウについては、経口からの水分補給が難しい子どもも多いと思います。経鼻経管や胃ろうから水分補給ができる医療的ケア対象児は安全ですが、無理な経口からの水分補給は水分の誤嚥により、かえって子どもの状態を悪くする場合もあるので、かなり気を付けて実施する必要があります。子どもによっては、痰を出やすくする去痰剤を使用しているかもしれません。ネブライザーについては、薬剤ではなく水分だけの場合には、厚

生労働省や文部科学省の見解では、「医療的ケア」と考えなくても良いとなっていますが、各都道府県や学校により違う場合もあるので、確認してみてください。水分の場合には、精製水や生理食塩水を使用します。

エの呼吸介助による排痰の促進について述べていきます。

仰臥位で行う場合には、P134を参考にしてください。側臥位の場合には、図5-46のように、手のひら全体で胸郭をはさみ、吸気の時には、胸郭を上にあげて、骨盤と胸郭の間の筋を伸ばし、呼気時に、胸郭を下げていきます。また、私たちが深呼吸をするときには、体を少しだけ反る動きをしますが、その動きを補うようなやり方として、写真5-27のような方法があります。背中側の胸郭の下に手を入れ、吸気に合わせて、背中を上に軽く持ち上げます。この方法では、側弯がある場合には、短縮した側が効果的だといわれています。

図5-46　呼吸介助法（側臥位）[10]

オについては、医療的ケアの対象児でない場合、吸引ができないので、ティッシュをこよりにして、鼻の粘膜を刺激し、くしゃみで出させることもあります。これは、鼻の中に侵入した異物を排除しようとする体の正常な反応を利用していますが、よほどのことがない限りやらないほうがいいでしょう。

写真5-27　呼吸介助法（背中）[11]

また、呼吸を楽にする方法としては、座位保持椅子の場合には、写真5-28のように、自遊自在（日本化線）というカラーワイヤーに柔らかいタオルやスポンジを巻くことで、下顎をあげることが可能です。このカラーワイヤーは、様々な大きさがあるので、ポジショニングにも活用できます。ただ、仰臥位での舌根沈下には、自遊自在も今のところうまくいかないのが現状です。この場合には、経鼻エアウェイ、CPAP（機械で圧力をかけた空

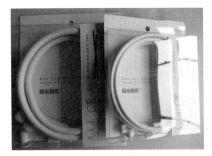

写真5-28　自遊自在

気を鼻から気道に送り、気道を広げて睡眠中の無呼吸を防止する治療法）、上下の歯にソフトタイプのマウスピースを装着する方法（下の歯を前に出すことで下顎が落ちないようにする方法）でも、効果が見られる場合があります。

健康の保持のためには、定期的な姿勢変換や適切な姿勢保持、ストレッチなどが必要不可欠です。姿勢変換と姿勢保持については、P34を、ストレッチの効果や内容についてはP48を見てください。

また、効果的なストレッチとして、大きな骨を動かす方法があります。これは、大きな骨である肩甲骨や骨盤には、たくさんの筋が付いているため、これらの骨を動かすことは、多くの筋に影響を与えます。そのため、全体のストレッチになり、体の可動性を保つことにつながります。例えば、肩甲骨の場合には、図5-47のような、6つの動きがあるのですが、直接肩甲骨を動かすことはかなり難しいので、写真5-29のように、子どもの肩を支えながら、子どもの肘をなるべくゆっくりと大きく円を描くように動かします。しばらく回したら、逆回しもしてください。この動きで、肩甲骨は様々な方向へ動いたことになり、肩甲骨についている筋のストレッチになったはずです。また、側臥位が可能な子どもなら、側臥位にし、写真5-30のように肩甲骨を肩と一緒に両手で包み込みながら上下や胸の方、または背中の方へ動かします。肩甲骨が、上、後ろへ動く場合には、吸気の状態の動きで、下、前へ動く場合には、呼気の状態の動きになります。子どもの状態を観察しながら動かしてみましょう。

また、骨盤を中心にした動きも、肩甲骨同様、多くの筋のストレッチにつながります。最初に、足を曲げた状態にして、写真5-31のように左右に骨盤を倒していきます。この運動では、背中や側腹部の筋が伸ばされます。この時、股関節を倒さないように気を付けてください。あくまでも倒していくのは骨盤で、股関節だけを倒してしまうと、脱臼を起こしたり、助長したりする可能性があります。また、写真5-32のように、側臥位の姿勢から、上半

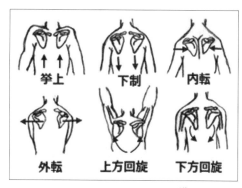

図 5-47　肩甲骨の動き[12]

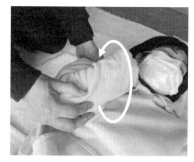

写真 5-29　肩甲骨の動かし方１

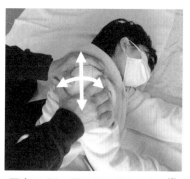

写真 5-30　肩甲骨の動かし方２[13]

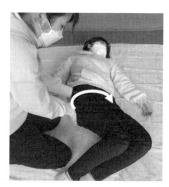

写真 5-31　骨盤の動かし方１[13]

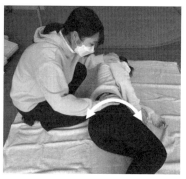

写真 5-32　骨盤の動かし方２[13]

身を固定し、骨盤を前後に倒したり、逆に骨盤を固定し、上半身を前後に倒したりしていくことも、背中や側腹部の筋肉の可動性を維持する効果があります。

　色々と述べてきましたが、とにかく、毎日の積み重ねで成果は間違いなく出てきます。ただ、知的障害児と違い、急激な効果は期待できません。そのため、今まで知的障害児の指導を中心にやってこられた先生方は、子どもの変容について物足りなさを感じるかもしれません。しかし、毎日の先生方の積み重ねにより、子どもは明らかに変容しているはずです。担任の心得としては、長期的なスパンで子どもを見ることや状態像の現状維持でも、教育の効果として肯定的に捉えることが必要です。長く障害の重い子どもに関わっていると、重症心身障害児は、通常の場合には成長と共に粗大運動の能力や摂食・嚥下能力は低下していくことが多いことを痛感させられます。そのことから、高等部卒業まで、変形拘縮のない左右対称のきれいな体だったり、経口食が可能だったりする場合には、教育の効果がかなりあったと考えてまず間違いないと思います。

⑥ 筋ジストロフィー

（1）定義や症状

　一口に筋ジストロフィーといっても、多くのタイプの筋ジストロフィーが存在します。一般的に、よく知られている筋ジストロフィーはデュシャンヌ型だと思います。
下記に、筋ジストロフィーのタイプを示しました。
　　・デュシャンヌ型筋ジストロフィー
　　・ベッカー型筋ジストロフィー
　　・肢体型筋ジストロフィー
　　・福山型筋ジストロフィー
　　・筋強直性筋ジストロフィー
　　・ウルリヒ型筋ジストロフィー　　など
　これらの筋ジストロフィーの中で、デュシャンヌ型は、最も一般的で症状も重い筋ジストロフィーになります。デュシャンヌ型の子どもは、歩行獲得は健常児より遅れますが、2歳前頃までには歩行可能となります。しかし、小学校3、4年生頃から自力歩行が難しくなり、車椅子を活用する場面がしばしば出てきます。さらに、高等部を卒業する頃になると、座位も難しくなることから、臥位レベルでの生活が始まります。筋力の低下は、近位筋（体の中心に近い部位の筋）や下肢から広がっていき、徐々に ADL が難しくなっていきます[14]。しかし、脳性麻痺のように麻痺があるわけではありません。特に、指先などの機能は最後まで保たれ、食事やパソコン活用などの動作は、長い期間可能な場合が多く、高等部卒業後も、タブレットを活用したり、自分で食事が可能だったりする場合もあります。また、特徴的な動きや姿勢として、仮性肥大（図5-48）、

登はん性起立（図5-49）、動揺性歩行（図5-50）が
見られます。以前は、呼吸不全等が原因で20代で
の死亡が多かったのですが、最近では、人工呼吸器
の普及により、平均寿命がかなり延びてきました。
この疾患の原因は、筋の細胞膜にあるジストロフィ
ンの欠損なのですが、このジストロフィンは骨格筋
だけでなく、心臓を司る筋にも存在するため、呼吸
不全だけでなく、心不全なども死因の一つになりま

図5-48　仮性肥大[3]

す。近年は、人工呼吸器の普及により、死因として心不全が多くなってきています。

図5-49　登はん性起立

文献2）のP87を筆者が一部改変

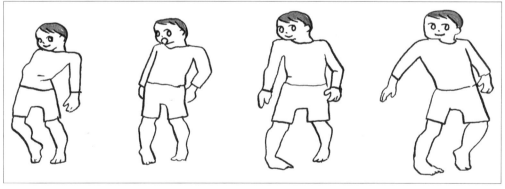

図5-50　動揺性歩行

文献3）のP366を筆者が一部改変

（2）目標設定

　デュシャンヌ型筋ジストロフィー（以下筋ジストロフィー）の子どもの場合には、進
行のスピードに若干の違いはありますが、症状はほぼ同じなので、指導目標や指導の在
り方は、一度勉強しておくと、同じ疾患の子どもに活用することができると思います。

1　筋力の維持を行う

2　関節可動域の維持を図る

3　呼吸機能の維持を図る

4　歩行や立位姿勢の保持を行う

　これらが中心的な目標になってきますが、それと共に ADL 動作の低下防止が重要です。筋力の低下は、近位筋から低下していくため、粗大運動から難しくなります。一方、指先などの微細な運動は、高等部になっても可能な場合がほとんどです。関節可動域としては、最初、足首の可動域が制限されて尖足の症状が出現したり、また股関節が伸びなくなったりします。進行が進むと、尖足に内反（内側に曲がる）が加わり、膝も伸びにくくなり、次第に歩行が難しくなってきます。

（3）指導の具体的な在り方

　筋ジストロフィーの場合には、体の障害の特徴が、一定のパターンになるため、学校で行う指導もほぼ決まってきます。あとは、進行性の病気のため、精神的なケアとつらいストレッチや筋力の維持をどのように楽しく主体的に子どもに行ってもらうかが教師の指導のカギとなります。1～4の目標は、かなり重なりあっている箇所も多いので、まとめて説明したいと思います。

　筋ジストロフィーは筋が侵されたことで、筋力の低下が起こり、それに伴い変形拘縮が進み、それと共に歩行や立位などの粗大運動が難しくなっていく疾患です。低下する筋力を維持するためには、筋力強化が必要になりますが、これはやり過ぎると筋の損傷を起こしてしまいます。しかし、使わないと筋力は落ち、体の変形や拘縮が進むことになるため、やり過ぎず、休み過ぎずといった配慮をしながら自立活動を行うことが必要になります。運動量の基準としては、翌日に筋の痛みや疲労を残さない程度の運動量が適切だといわれています。また、時々は、活動前後の脈拍の変化を調べてください。脈が異常に速いようであれば、主治医に連絡して、適切な運動量を設定してもらいましょう。最も効果的で適切な運動としては、温水プールなどでの水泳学習があげられます。おそらく各学校で、イギリスで始められたハロウィック法や覚張氏の進めている発達学的水泳療法の考え方を中心にした水泳学習が行われていることと思います。プールにおける環境は、体の重さを水が取り除いてくれるために、筋力の衰えてきている子どもに適切な動きを提供してくれることになります。写真5-33は、歩けなくなった子どもが、水の中を歩いている様子です。さらに、水泳学習では息継ぎなどを取り入れることで、呼吸機能の維持も図ることが可能となります。しかし、一年間水泳学習ができる特別支援学校は、そう多くはないのではないでしょ

写真 5-33　水中での歩行

うか。

　ここからは、水泳学習以外の活動を示します。子どもの実態を大きく三段階に分けて、指導内容を述べていきます。

①　歩行可能時期

　この時期に見られる関節の拘縮は足関節、膝関節、股関節になります。特に近年の研究では、最初に股関節の周りの筋と足の外側の靭帯（骨と骨をつないでいる弾力性の強い組織）から拘縮が始まり、股関節の屈曲、外転、外旋、膝関節の屈曲、腰部の前弯などが現れると考えられています[14]。そのためのストレッチとしては、足関節（P56 参照）、膝裏（P56 参照）、股関節（P57 参照）や図5-51 のようなストレッチが有効です。立位でのふくらはぎのストレッチ（P75 参照）、椅子座位でも図5-52 のように壁を使えば、同様のストレッチができます。また、図5-53 のように起立台と通販などで販売されているストレッチングボードを併用して、15分ぐらいの立位を行うと効果

図 5-51
股関節ストレッチ[1]

図 5-52
座位でのストレッチ[1]

図 5-53　起立台とストレッチングボード[15]

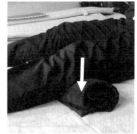

写真 5-34　膝伸展の筋力維持1

的なストレッチとなります。一方、筋力低下は、股関節を伸ばすための殿筋や膝を伸ばす働きの筋肉などで始まっているので、おしりをP68 の図5-21 のような運動、膝を伸ばす筋肉には、写真5-34 や写真5-35 の動作、また、図5-54 のような立ち上がり動作を行

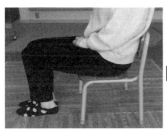

写真 5-35
膝伸展の筋力維持2

図 5-54
立ち上がり動作

うことも筋力維持には効果的です。ただし、これらの筋力維持は、あまり負荷をかけずに、回数を多めにやる方が望ましいとされています。特に、立ち上がり動作に関しては、床から立てれば床から、難しければ椅子から、できる範囲で行うことが大切です。例えば、この立ち上がり動作の場合は、立ち上がる時に体を反らす動きが出始めたら、負荷が強いと考えるべきでしょう。もちろん、校内を転倒などに気を付けながら歩行をすることも有効です。もし、歩行が不安定で危険を伴う場合には、介助用ベルトと保護帽の使用は忘れないようにしてください。また、深呼吸や大声での朗読などの呼吸に対するアプローチは普段の授業中に可能です。上肢に関しては、的を作ってボール投げの練習をやると子どもは楽しく取り組むことができるでしょう。また、家庭で、読書やスマートフォン、タブレットなどを使用する場合には、腹臥位の姿勢を取り入れると、股関節のストレッチに有効です。

② **歩行が難しくなる時期**

　進行性の病気なので、ストレッチや筋力維持を行っていても、徐々に歩行が難しくなっていきますが、その時期にも、歩行時に行っていたストレッチや可能な筋力維持は継続していく必要があります。ストレッチには、体幹のねじりなども取り入れていくと、側弯予防や胸郭の柔軟性を保つには有効です。また、この時期でも、立位台や長下肢装具（図5-55）を活用した立位は可能であれば続けてください。ただし、立位姿勢が左右対称であるかはきちんとチェックしておくことが必要になってきます。この時期の関節の拘縮予防のポイントは、正しい方向へ動かしてあげながら、子どもにその動作に合わせて一緒に動かすように指示してください。指示することで、この学習は、関節の可動域の維持だけでなく、筋力維持にもつながっていきます。この時期には、四つ這いが難しくなり、図5-56のようなおしりでのずり這いに移行していきます。また、負担がかからない程度に、座位の保持や上肢の運動も取り入れていきましょう。上肢の運動としては、以前からのボール投げの動きはできる範囲で続けて

図5-55　長下肢装具

図5-56　ずり這い[1]

ください。呼吸訓練はかなり必要になってきます。深呼吸は息を吐くときには口をすぼめることが基本となり、一方、腹式呼吸の場合には、息を吸うときにはお腹を膨らませ、吐くときにはへこます呼吸になるのですが、子どもは意外と知らない場合もあるので、教えてあげることも必要です。以前から実施している大きな声での朗読や歌などの繰り返しは効果がないことはありませんので続けてください。また、写真5-36のような呼吸訓練装置（トリフロー）などを使うと呼吸状態の結果が視覚的に分かるので、学習活

動を続けるモチベーションにつながると思います。

　移動に関しては、車椅子が主体になっていきます。多くの場合は、最初は手動式の車椅子を使用する場合が見られますが、負荷の強い自走式の導入は、骨盤の前傾や胸の前弯を引き起こす可能性もあるので、子どもが自走式の車椅子をこぐ様子は確認しておく必要があります。もし判断が難しい場合には、スマートフォンで撮影して、強い負荷がかかっていないか、主治医やセラピストと連携を図ることが必要です。写真5-37（ヤマハ JW スウィング）のような電動アシスト車椅子の場合には、小さな力でこぐことも可能になるので、活用するのも一つの方法かもしれません。

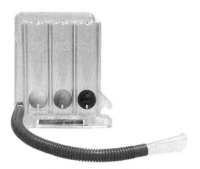

写真 5-36　呼吸訓練装置

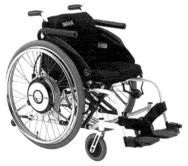

写真 5-37　電動アシスト車椅子[16]

　また、移動運動とともに、臥位では姿勢変換を繰り返しながら、健康の保持を図っていきます。この時期になると、体幹装具の導入も、必要な時期になってくるので、装着時間や装着方法についてはしっかりとした連携が不可欠です。

　意外と、抜け落ちているのが、上肢に対してのアプローチです。筋ジストロフィーの子どもの場合には、下肢や体幹と比較すると、上肢の手指に関しては、有効に活用できている場合がほとんどですが、子どもによっては、上肢が伸びなくなったり、手指全体が曲がってきたりすることで、物をつかんだり、握ったりすることが難しくなる場合もあります。予

図 5-57　肘関節の伸展

防策として、腕には、伸展（図5-57）や回内・回外の運動（図5-58）、手首には、図5-59のようなストレッチ、また、指に対しては、図5-60のように伸ばしたり、写真5-38のような手指の装具をつけたりすることもあります。

図 5-58
手の回内・回外動作

図 5-59
手首のストレッチ[2]

　さらに上肢の実態に合わせて、次のような活動を取り入れていきましょう。
腕全体を使う活動・・・ボール投げ、バッティングなどの車椅子野球

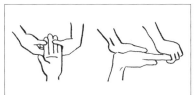

図 5-60
指先のストレッチ

写真 5-38
カックアップシリコーン[17]

肘から指先を使う運動・・・将棋、オセロ、切り絵、ブロック遊び

手指を使う活動・・・パソコン、スマートフォン、タブレット、パズル

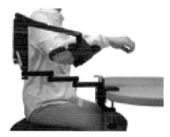

写真 5-39　アームサポート[18]

　この時期は、基本的には、机上での食事、歯磨き、書字などは可能ですが、徐々に難しくなり、それを補うような代償的な動きが始まります。過度な代償的な動きが継続されると、筋肉への過剰な負担となり、変形や拘縮の原因となるため、車椅子や机を適切な高さに合わせたり、柄の長いスプーンや箸を利用したり、写真5-39のようなアームサポートなどの導入も視野に入れる必要が出てきます。

③　臥床期

　この時期になると、今までの筋力維持の学習やストレッチ、関節の拘縮予防に加えて、呼吸機能の維持、皮膚ケア、手指に適切なスイッチや環境制御装置（わずかな動きでセンサーやスイッチを作動させ、複数の機器を制御できる装置）の活用が必要になってきます。そのことにより QOL の向上を図っていくことが大切です。また、褥瘡予防、咳介助、適切なポジショニングなどは必要不可欠になります。もちろん、体全体の動きを引き出すことは、呼吸機能の維持、変形拘縮予防や褥瘡予防に良い影響を与えてくれるのですが、子どもの体重や筋力低下が原因で、動かすことはかなり難しくなり、また子どもにもかなり大きな負荷がかかります。そこで、重症心身障害児の箇所でも述べましたが、仰臥位の姿勢で、肩甲骨を動かす方法を行ってみましょう。筋ジストロフィーの子どもの場合には、自分でも動かしていると意識させながら行うことが重要です。声掛けすることで、子どもに意識させながら、肩を中心に肘をゆっくりと動かしてみましょう。より効果が出るはずです。

　また、骨盤を中心にした動きも、P83 の写真 5-31 のように、左右に骨盤を倒していくストレッチを行うことにより、背中や側腹部の筋を伸ばしていくことが可能になります。

　呼吸機能の維持に関しては、「吸って、吸って、せーの、ゴホン」などの声掛けにより、咳の介助をする方法や図 5-61 のように体のやや外側の胸郭下部に手のひらを当て、大きく息を吸わせた後、数秒間保持させ、咳に合わせて一気に下の方へ胸郭を圧迫し、咳を介助する場合もあります。この時、指先や手首に圧が集中しないように、手のひら全体で圧をかけてください。仰臥位で実施する場合は、痰などの分泌物が出ると考えられるので、吸引の準備ができるように、看護師との連携を忘れないようにしましょう。また、体力に自信のある人は、

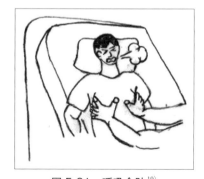

図 5-61　呼吸介助[19]

P82 の写真 5-27 のように、背中側の胸郭の下に手を入れ、吸気に合わせて、背中を上に軽く持ち上げる方法を、子どもに「吸って、吸って」などの声掛けをしながら行うと、より効果的になるはずです。このように、筋ジストロフィーの子どもの場合には、指示理解が可能なので、教師と子どもの共同作業が成立します。そこが、重症心身障害児の呼吸介助との大きな違いになります。そのため、普段から子どもとのラポールをしっかり作っておくことが大切なことは言うまでもありません。呼吸介助に限らず、どんな場合でも、安心安全が一番大切です。最初は子どもの体の動きを手のひらで感じることから始めてください。子どもの体や胸郭の動きに手のひらを当てているだけでも、自然と少しずつ子どもの胸郭の動きを感じることができてきます。また、子どもにとっても、胸郭呼吸運動学習（P134 を参照）を行うことになるはずです。無理な呼吸介助は絶対に行わないようにしてください。

（４）精神的なサポート

　筋ジストロフィーの場合には、進行性の病気のため、どうしても機能が消失していくことを止められません。そのことが自己肯定感や自尊感情などへ大きな影響を与え、不安感の増加や社会参加への妨げに影響してきます。また、そのことは、益々、精神的なストレスやつらさを増加させ、悪循環を引き起こしていくことになるでしょう。そこで、障害の進行に抗して、車椅子や体幹装具などの補装具の導入や人工呼吸器を搭載した電動車椅子の活用などの環境の調整を行っていくことで、少しでも子どもが自信を取り戻し、機能喪失の体験からくる不安感を防止することが必要になります。そのためには、子どもの状態像に合わせた適切なスポーツや社会的な活動への参加が大きな力を与えてくれるはずです。スポーツとしては、水中での運動や電動車椅子サッカー、フロアーホッケー、ボッチャなどの競技性の高いスポーツへの参加、また、パソコンやタブレットなどを活用した余暇活動などを進めていくことも大切なことになります。近年は、テレワークや在宅就労も可能な時代になってきているため、障害者枠での就労、コンピュータゲームを使った e スポーツへの参加などの情報を提供することも教師の大きな役割の一つだと考えられます。

二分脊椎症

（１）定義や症状

　二分脊椎症は、先天的な脊椎、及び脊髄の異常です。二分脊椎症の発生頻度は、国や人種で異なり、日本では、出生 1 万人当たり約 4.7 人[20] といわれていて、ヨーロッパ諸国よりも低い値になります。二分脊椎の症状としては、脊髄の障害による下肢の運動障害と感覚障害、それによる下肢の変形（図 5-62）や脱臼、脊柱変形（図 5-63）、また排

泄障害が見られ、医療的ケアである導尿を行う必要
がある場合が少なくありません。さらに、二分脊椎
症の場合には、高い割合で水頭症を合併し、そこか
らのけいれん発作や知的障害などを発症することも
あります。水頭症は、脳室内に髄液が過剰にたまる
ことで脳室が拡大し、その影響でけいれん発作や知
的障害などを起こします。そのため、脳室にたまっ
た髄液を取り除く必要があります。そこで、多くの
場合には、手術により図5-64のように脳室-腹腔
シャント（V-Pシャント）を形成し、脳室内にある髄
液を持続的に腹腔内に放出することが必要です。しかし、
体内に異物となるシャントが入ったままの状態のために
感染症やシャントの閉塞などが起こる危険性もあり、
シャントが詰まった場合には、発熱、嘔吐、意識混濁や
筋緊張の亢進が見られるので、シャントを挿入している
子どもの場合には、学校での様子を常に観察しておくこ
とが必要です。

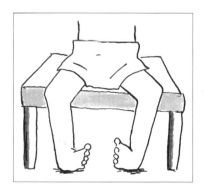

図5-62　下肢の変形

図5-63　脊柱変形[1]

（2）目標設定

　二分脊椎症の場合には、座位で過ごす時間が多くなる
ため、座骨部に褥瘡を作る危険性があります。また、ど
うしても学校では様々な活動を行うことで、感覚障害の
ある部位に、外傷が見られたり、短下肢装具による圧迫
部（P52の写真4-8参照）に褥瘡などができたりするこ
ともあります。褥瘡については、座骨部には注意が向き
やすいですが、下肢の褥瘡については見逃しやすいので
注意してください。一般的に下肢装具の装着頻度が高く、
活動量が高い子どもほど褥瘡発生のリスクも高くなると

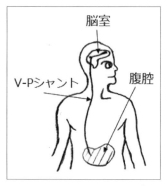

図5-64　V-Pシャント[3]

いわれています。これらの予防や早期発見のために、子
どもには、必ず自分自身でチェックする習慣がつくように指導することが大切です。も
しも、知的レベルの面で難しい場合には、担任や家族が代わりに行うことが必要になっ
てきます。基本的には、褥瘡や外傷に気を付けながら、残存筋の筋力強化を行うことで、
社会的な自立を図ることを目標に設定します。そのために考えられる目標を記載します。

1　移動能力を確立する
2　身辺処理などのADLを確立する
3　間欠自己導尿を確立する

4　関節拘縮及び変形の予防を行う

5　上肢や体幹の筋力の強化を行う

6　カロリーコントロールを行う・・・二次成長期を境に肥満が問題になることも多く、家庭と給食のカロリー摂取などの観点から、活動量を設定していく必要があります。

（3）指導の具体的な在り方

表5-1　麻痺レベル別の歩行目標

	麻痺レベル							
	胸髄	腰髄1	腰髄2	腰髄3	腰髄4	腰髄5	仙髄1	仙髄2－3
歩行						目標	目標	目標
杖歩行				目標	目標			
車椅子と杖歩行併用		目標	目標					
訓練時のみ杖歩行可能	目標							
車椅子のみ	目標							

文献21）のP177を筆者が一部改変

　目標1に関しては、表5-1のように、麻痺レベル別の歩行目標[21]が示されていて、おそらく、子どもはそれに基づいて病院で訓練を行っていると思います。そのため、自立活動では、同じような内容を子どもが楽しく取り組めるように、遊びやレクリエーションなどの要素を取り入れながら行うことが重要です。子どもの麻痺のレベルにより、骨盤帯付き長下肢装具を用いた立位訓練、骨盤帯付き長下肢装具とPCWによる歩行訓練（図5-65）、長下肢装具とロフストランドクラッチによる歩行訓練（P55の図5-6を参照）、短下肢装具による歩行訓練、ハイカットシューズ（写真5-40）やインソール（足底板）のみの歩行訓練などに分けられると思います。

　移動能力は、多くの場合には、麻痺レベルに応じて目標に達することが多いのですが、知的障害を有する場合には、目標まで達しないこともあります。そこを上手に教えていくことが、学校の教師の役割になります。

　目標2に関する基礎力として、目標5の上肢や体幹筋の強化が必要です。そのため、図5-66のように、子どもにはプッシュアップ動作の練習が重要になってきますが、これは、特に場面を設定しなくても、日常、車椅子のアームレストや椅

図5-65　骨盤帯付き長下肢装具とPCW[1]

写真5-40　ハイカットシューズ[22]

子のサイドバーで行う習慣をつけさせましょう。この動作は、褥瘡予防につながるので、とても必要な内容です。必ず子どもには身に付けさせてください。また、図5-67のような介助しながらの腹筋は、腹圧を高めるため、排便を促進する効果が見られ、一方、図5-68のように、教師の指示に合わせて足を動かすことは、筋力強化とともに、体のボディーイメージを高めていきます。膝立ちが可能な子どもの場合には、床から車椅子への移乗を目指せるので、体重が軽い低学年時から取り組み、移乗動作を確立しておきましょう。

図5-66
プッシュアップ動作[1]

一般的に、思春期になると肥満傾向が始まり、子どもにとって、移乗動作の学習はつらいものになるので、なるべく早く取り組むことが必要です。この肥満傾向は目標6と関係してきます。学校の栄養教諭や保護者と連携を図りながら、カロリーコントロールを行っていきます。そのための運動学習としては、水泳学習が最も有効です。一年中実施するのはなかなか難しいでしょうが、子どもの体重に関係なく全身運動が可能な上に、カロリー消費や関節拘縮の予防など、二分脊椎症の子どもには最適な運動学習になります。

図5-67　腹筋[2]

目標4の内容は見落としがちなので、忘れないようにしてください。定期的な股関節、膝関節、足関節の可動域のチェックとストレッチにより、関節可動域が狭くならないように気を付け、合わせて褥瘡などの皮膚の状態についてもチェックしていきましょう。

図5-68　下肢の運動[2]

目標3に関しては、排泄・排便の反射中枢の関係で、ほとんどの二分脊椎症の子どもに排尿障害が見られ、間欠導尿を行う必要があります。定期的な自己導尿の学習により、間欠自己導尿の習慣をつけていくことが、本人のADLおよびQOLの向上に大きく影響してきます。就学前に確立している場合が少なくありませんが、知的障害を有している場合には、かなり時間をかけて練習しないと簡単には確立しない場合もあります。また、排便に関しては、多くの場合、腹圧が十分でないことで、便秘になり浣腸や摘便（腸に指を入れて便を排出させること）が必要になる場合も見られます。一方、下痢が続くこともあり、家庭との連携を図りながら、適切な排便コントロールができるように、食物や摂取量などを調整することが重要になってきます。

また、水頭症の子どもの場合には、視空間認知障害と非言語性学習障害が見られることが明らかになっています[23]。視空間認知とは、視覚の情報から、物の位置や向きを認識する能力で、これは視力に問題がなくても起こり、例えば、きれいに塗り絵ができな

い。文字を覚えられないなどの症状が出てきます。一方、非言語性学習障害とは言語能力は良好で、日常会話も流暢ですが、本質的には会話の内容を理解していない障害になります。もしこのような症状が見られたら、そのような特性を考慮しながら、教科の学習指導だけでなく、自立活動においても適切な指導を行っていく必要があるでしょう。

引用・参考文献

1) 上杉雅之 監：イラストでわかる小児理学療法. 医歯薬出版，2013.
2) 上杉雅之 監：イラストでわかる小児理学療法学演習. 医歯薬出版，2018.
3) 藪中良彦，木元 稔，坂本 仁 編：Crosslink 理学療法学テキスト 小児理学療法学. メジカルビュー，2020.
4) 細田多穂 監，田原弘幸，大城昌平，小塚直樹 編：小児理学療法学テキスト 改訂第 2 版. 南江堂，2010.
5) 細田多穂 監，田原弘幸，大城昌平，小塚直樹 編：小児理学療法学テキスト 改訂第 3 版. 南江堂，2018.
6) 岡田喜篤 監，井合瑞江，ほか 編：新版 重症心身障害療育マニュアル. 医歯薬出版，2015.
7) NPO 法人医療的ケアネット 編，高木憲司，ほか：たんの吸引等第三号研修テキスト. クリエイツかもがわ，2018.
8) 田村正徳，前田浩利 監，日本小児在宅医療支援研究会 編：子どものリハビリテーション＆やさしいケア. 三輪書店，2019.
9) 鈴木康之，舟橋満寿子 編：新生児医療から療育支援へ―すべてのいのちを育むために―. インターメディカ，2019.
10) 日本小児神経学会社会活動委員会，北住映二，杉本健郎 編：新版 医療的ケア研修テキスト. クリエイツかもがわ，2012.
11) 倉田慶子，樋口和郎，麻生幸三郎 編：ケアの基本がわかる重症心身障害児の看護. へるす出版，2016.
12) Sharez for Trainer　https://sharez-for-trainer.com/shoulder-blades-range-of-motion-extend/
13) 東京都福祉保健局障害者施策推進部居住支援課　編：訪問看護師のための重症心身障害児在宅療育支援マニュアル. 東京都生活文化局広報広聴部都民の声課，2011.
14) 厚生労働省精神・神経疾患研究開発費 筋ジストロフィーの集学的治療と均てん化に関する研究 主任研究者 神野 進 編：筋ジストロフィーのリハビリテーション・マニュアル. 2011.
15) ストレッチングボード EV　http://www.asahi-healthy.com/contents/company.htm
16) YAMAHA 電動車椅子 JW スウィング　https://www.yamaha-motor.co.jp/wheelchair/lineup/swing/spec.html
17) 中村ブレイス株式会社 カックアップシリコーン　http://www.nakamura-brace.co.jp/product/upper/kacup-silicone.html
18) テクノツール MOMO シリーズ　https://www.at-mall.com/products/momo-series
19) 筋ジス研究神野班リハビリテーション分科会 編：デュシェンヌ型筋ジストロフィーの呼吸リハビリテーション. 2008.
20) 芳賀信彦：二分脊椎児に対するリハビリテーションの現況. Jpn J Rehabil Med 46（11）:711-720, 2009.
21) 陣内一保，安藤徳彦 監，伊藤利之，三宅捷太，小池純子 編：こどものリハビリテーション医学 第 2 版. 医学書院，2008.
22) サスウォーク・オフィシャルショップ　https://sass.jp/SHOP/271832/271833/list.html
23) 沖 高司：二分脊椎症児の知的発達. 総合リハ 14：129-134，1986.

第6章

コミュニケーション

コミュニケーションは、特別支援教育の中核と思っている先生方が多いのではないでしょうか。まさにその通りなのですがむしろ、特別支援教育というより、動物社会の中核になるかと思います。哺乳類はもちろん、ミツバチの有名な八の字ダンスは、蜜源までの方向とおしりを振る速さで距離を示しています。また、アリは触角でコミュニケーションをとっていると言われています。このように、動物界では様々な方法でコミュニケーションをとっているのです。動物で最も進化した人間はもちろん高度なコミュニケーションを図っています。しかし、重度重複障害児の場合には、コミュニケーションを図ることが難しいことも少なくありません。この難しさには、コミュニケーションを図ることを苦手とする自閉症とはまた違った難しさがあります。最初にコミュニケーションの一般的な発達段階について考えてみましょう。

❶ コミュニケーションの発達段階について

コミュニケーションの発達段階については、鯨岡氏とベイツ氏が述べている発達段階が有名です。『目からウロコの重度重複障害児教育』では、鯨岡氏の考え方について紹介したので、この本ではベイツ氏の紹介している発達段階を説明したいと思います。

アメリカの認知科学者として子どもの言語習得部門の研究で有名なベイツ氏は、コミュニケーションの発達段階を表6-1のように分けています。

表6-1　ベイツによるコミュニケーションの発達段階

発達段階	特　　徴
聞き手効果段階（誕生〜10ヶ月）	子どもの快・不快の様子や子どもの表出に対し、大人がこれらの行為を「伝達的意図のあるもの」として応じることで、コミュニケーションが成立する段階
意図的伝達段階（10ヶ月〜1歳）	子どもが、自分の意図を、視線、身振り、音声、指差し等の非言語的なサインを使ってコミュニケーションを成立させる段階
命題伝達段階（1歳〜1歳4ヶ月）	意図的伝達段階で活用した伝達手段に、ことばが加わってくる段階

文献1）のP220を筆者が一部改変

この段階をもう少し詳しく示したのが、表6-2になります。この表は、聞き手効果段階から命題伝達段階までの実態を詳しく述べたものになります。

このコミュニケーションの発達の様子は、障害の重い子どもに限らず特別支援教育ではとても大切な内容になるので、ある程度は把握しておくことが必要です。どのような子どもでも、表6-1や表6-2の発達段階を頭に入れながら関わっていくことが、子ども

表6-2　コミュニケーションの詳細な発達段階

コミュニケーションの発達時期	コミュニケーションの仕方、発達の様子
新生児期	・快・不快を泣くことでの表出 ・快・不快を表情・音声で表現 保護者が自分に向けられた表現を受け止め、応答することでコミュニケーションが成立
2ヶ月ごろ	・はっきりと定位した目つき（じっと見る） ・クーイング（赤ちゃんが唇や舌を使わずに行う「アー」、「クー」などの独特の発声）が活発 ・共鳴動作（保護者の口元の動きに共鳴したように口を動かす） 保護者の言語的な働きかけにクーイングで応答し、コミュニケーションが成立
3ヶ月ごろ	・はっきりとした笑顔 保護者の働きかけに応答して笑顔となり、うれしい、安心などの気持ちの共有がコミュニケーションの動機づけとなる
4～6ヶ月ごろ	・運動の発達が著しい（寝返り、お座り、這う） ・事物、音源への定位（じっと見る） ・物に手を伸ばして触る、つかむなどで特徴を確認
7ヶ月ごろ	・子ども側からの呼びかけとアイコンタクト ・喃語の出現（いろいろな声を出して調整し、ことばを発する準備） 泣きとは明らかに違う発声で保護者に呼びかけ、保護者が応答するといった双方向的なコミュニケーションが成立
8～9ヶ月ごろ	・子どもの視線・発声の意図がはっきりわかる ・指差し　子ども⇔対象⇔相手　三者間でのやりとり 子どもの意図のなかに対象を指示する指差しが見られる
9～12ヶ月ごろ	・意図・要求がはっきりする ・誘いかけに対して拒否「いや」を表現 ・人見知り ・自分を認めてもらう、称賛してもらうために呼びかけやまなざしを使う ・物の受け渡しで「やりとり」が始まる ・ことばを聞いて意味が分かる（自分の名前、マンマ、ネンネなど）
12～15ヶ月ごろ	・初語の出現（マンマ、ネンネ、ワンワン、ブーブなど） 理解できることばが増える（語彙の増加）

文献2）のP90を筆者が一部改変

とのコミュニケーションを築く基礎になります。

　しかし、重度重複障害児の場合には重度な運動障害や知的障害を有するために、表6-2に記載されている正常の発達段階がみられないケースも少なくありません。例えば、非対称性緊張性頸反射（P29の図3-6を参照）の残存や寝返りが難しい、首が座ってい

ないなどの影響で、見たいものを見ることができなかったり、あるいは触りたいものを触れないなど、どうしても環境からの刺激を取り入れたり、逆に周りへ反応を返したりすることが少なくなります。その影響で、これらの子どもの場合には通常のコミュニケーションの発達が阻害されたり、障害の特性に応じた発達の様子が見られたりすることになります。そのため、その障害の特性に応じた特別な支援が必要になってきます。その支援の有効な方法の一つとして、AAC（拡大・代替コミュニケーション）の存在があります。

2 AAC

（1）AACとは

　AACについては、アメリカ音声言語聴覚協会が、「AACとは表出面に重いコミュニケーション障害（重度音声言語・書字障害）のある人々の機能障害や能力障害の状態を（一時的あるいは永久的に）補償することを目的に行われる臨床の分野」と定義しています。定義からは難しい感じがしますが、簡潔に言うと「話しことばで伝達が難しい人はその他の手段を活用してください」ということになります。AACは以下の三つの方法に分けられます。

ハイテク・・・VOCAやパソコン、タブレットなどのハイテクノロジーを用いたコミュニケーションの技法

ローテク・・・文字盤やコミュニケーションボード、筆談ボードなど身近な材料でできるローテクノロジーを用いたコミュニケーション技法

ノンテク・・・表情や身振り手振りなどで物を使わないコミュニケーション技法

　これらの技法の内容を見ると、重度重複障害児の場合は音声が出ない、手や体が動かしにくいことから、ハイテクの技法が有効となり、どうにかしてその導入につなげるように、学習内容を設定されている場合も少なくないと思います。しかし、重度重複障害児の多くが、ハイテクを活用しコミュニケーションを図れるようになるかというと、それは難しいでしょう。もちろん、子どもによっては、ハイテク導入が可能な子どももいます。その子どもの場合には、ハイテク導入がとても大きな効果をもたらすことは間違いありません。一方、ハイテク導入が難しい子どもにとって、AACは意味のない分野なのでしょうか。決してそういうことはありません。むしろそういう子どもにこそ、AACの考え方を活用しながら、ノンテクを中心にコミュニケーションの基礎力を育成していくことが重要になってくるのです。表6-3は、高橋氏がAAC導入のために作成した指導プログラムを一部改変したものです。このプログラムの「イエス－ノーでの表現」の段階までは、重度重複障害児のコミュニケーション力の育成にも十分活用することが可能です。

表6-3　AACの指導プログラム

指導段階	指導番号	指導ステップ	具体的な学習内容
スイッチ遊びの段階	1	スイッチ遊びの導入	体が偶発的にスイッチに触れ、おもちゃが動くなどの外界の変化を楽しむ
	2	スイッチ遊びの拡大（VOCAの導入も含む）	スイッチに触れることで、おもちゃや音声の因果関係に気付く。音声を入れてあるVOCAを活用し教師と遊ぶ
要求を表現する段階	3	視線や手差しで具体物の要求	提示されたおもちゃの中から、好きなおもちゃを選択する
	4	視線や手差しで絵やイラスト、写真などを選択して要求	絵やイラスト、写真などから、視線や手差しで選択する。朝の会や帰りの会で時間割などを選択する
イエス-ノーでの表現の段階	5	イエス-ノーでの表現（状況）	状況を判断したイエス-ノーの感情表現と共に、イエス-ノーの動作を表現する
	6	イエス-ノーでの表現（質問）	質問に対してイエス-ノーで応答する
シンボルで表現する段階	7	シンボルでの要求	シンボルを選択して要求を表現する
	8	シンボルで遊ぶ	シンボルを活用して会話することへの興味を持つ
	9	設定場面でシンボルを使用	買い物などの設定場面でシンボルを使って表現し、目的を達成する
	10	シンボルで日記や手紙を書く	シンボルを組み合わせて文を作る
	11	シンボルブックで表現	カテゴリーに分類されたシンボルブックで、必要な語彙を探し表現する
文字により表現する段階	12	文字で表現する	文字表現未学習レベルではシンボルを一時的に活用し、文字表現可能レベルではシンボルを補助的に使用する

文献3）のP156を筆者が一部改変

　それでは、表6-3のAACの指導プログラムを指導ステップ順に詳しく述べていきます。

（2）スイッチ遊びの段階

1　スイッチ遊びの導入

　この段階では、体の動きが見られる部位にスイッチを置きます。子どもの偶発的な動きがスイッチを入力し、その結果としての変化（おもちゃの動き、音、光等）が子どもを楽しませ、子どもがスイッチ入力の動きを再現することで、次第にスイッチとその変化との因果関係を気付き始めることが目標になります。この方法はシンプルテクノロジーとも呼ばれていて、スイッチ入力の結果が、子どもの感覚受容器を最も刺激することと子どもが好きな刺激であることが重要になります。重度な子どもの場合には、視覚や聴覚よりも、固有覚などの振動系に強い興味を持つ場合が見られ、例えばスイッチでバイブレーターを動かすなどの刺激が効果をもたらすこともあります。

2　スイッチ遊びの拡大（VOCA の導入も含む）

　子どもがスイッチとその変化の因果関係を理解できている可能性がある場合には、ラジカセやパソコン、タブレットなどを動かし、朝の会や帰りの会で活用してみましょう。完全には因果関係を理解していなくても、毎日実施される活動（朝の会での挨拶や歌など）で、因果関係の理解を促していくことになります。最初は、VOCA のビックマック（エーブルネット）等で始めるのが簡単です。また、VOCA の活用例として、例えば「いないいないばぁ！」が好きな子どもの場合、VOCA を押すと「いないいない」と音声が出て、その後、教師が「ばぁ」と登場する。このような活動の継続は、子どもにスイッチ入力の楽しさを体感させることにつながります。徐々に変化を増やしていき、最終的には、VOCA などのスイッチ入力が、周りの様々な変化を起こしていることを子どもに理解させていきましょう。

（3）要求を表現する段階

3　視線や手差しで具体物の要求

　二つ以上の具体物を提示し、欲しいものを視線や手差しで選択させます。実際には、具体物での選択は、学校生活だけでは数多くの場面を設定することが難しいかもしれません。しかし、できる限り好きな絵本やおもちゃ、朝の会や給食時間などを活用し、または同じものの繰り返しの活用でもかまいません。なるべく選択する機会を多く作り、要求が伝わることを子どもに学習させていきましょう。

4　視線や手差しで絵やイラスト、写真などを選択して要求

　多くの特別支援学校では、子どもの小学部への入学と共に、視覚支援としてカードを活用し、朝の会や帰りの会を実施しているのではないでしょうか。例えば、「今日の天気は」「3時間目の授業は」「今日の給食は」などを子どもに質問し、選択してもらっていると思います。この場合の選択は要求というより、正解を選択し、その結果として教師の称賛があるという流れでしょう。子どもは、毎日の活動の継続により、カード活用のルールを次第に学んでいくことになります。本当は、カードと具体物のマッチングな

どの課題を理解してから、カードを活用した学習へ移行することが、順序としては適切だと思います。しかし、朝の会をスタートするより前に、カードと具体物のマッチングの学習時間を設定することは実際には難しいでしょうから、朝の会等と並行しながら、カード活用のルールを教えていくことが現実的だと思います。この

図6-1　アクリル板の活用

カードでの要求では、子どもの好きなおもちゃや活動の写真を選択した後に、おもちゃで遊んだり、好きな活動を行ったりすることで、要求の手段を身に付けていき、それと共にカード活用のルールを理解させていくことになります。最初は二者択一から始め、選択数を増やしていくことで、カードでの要求表現を確実にしていきます。上肢の動きが見られない場合には、視線での選択が中心となると思います。その場合には、図6-1のように、アクリル板を用い、四隅にカードを貼り、視線を捉える方法も有効です。

（4）イエス－ノーでの表現の段階

5　イエス－ノーでの表現（状況）

　状況に対するイエス－ノーの感情表現は、早くから出現している場合が多いと思います。例えば、イエスの表現としては、シーツブランコなどの楽しい活動を行った後に、「もう一回する」と聞くと、笑顔になったりする場面が見られ、ノーの表現では、嫌いな食べ物を見せると、嫌な顔をしたり、顔を背けたりする場面が見られることがあるかもしれません。このようなイエス－ノーの感情表現の後に、イエス－ノーの動作を身に付けさせることが大切です。感情表現からイエス－ノーの動作を教えていくことについては、P114をご覧ください。

6　イエス－ノーでの表現（質問）

　質問に対するイエス－ノーは、具体物の名称や言語、または絵やイラストのある程度の子どもの理解が必要です。しかし、それだけではなく、質問の仕方も影響してきます。例えば、質問をどんな状況やどんな場所で行っているかはとても重要なことになります。知的障害の学級で、朝に、「連絡帳を出しなさい」と声掛けすると、提出できる子どもが、お昼に、「連絡帳を出しなさい」と言ってもできないことを経験したことがありませんか。つまり、その子どもは、生活の流れの中で、声掛けされると連絡帳を提出できるが、きちんと連絡帳というもの自体を分かっているわけではない可能性があります。これと同じようなことは重度重複障害児の教育でも見られます。そのため、最初の段階の質問は、なるべく分かりやすい状況や場所を考えながら質問していくことが大切になってきます。もう一点は、イエス－ノーで答えられる質問をすることです。もちろん、イエス－ノーでの応答を期待しているので当然のことですが、実際には次のような場面を目にします。「水を飲む？飲まない？」などと質問している様子を見かけることがあります。これでは、

イエス‐ノーでは答えようがありません。質問の仕方は「"はい"の時だけ、うなずいてください。水を飲みますか?」と質問しないと、イエス‐ノーでは答えられません。最後にもう一点注意することとして、子どもが可能な動きや発声などを活用することはもちろんですが、反応するのにはどの程度の時間を要するかを把握しておくことも大切です。子どもにより、反応の時間がかなり異なる場合も少なくありません。子どもの普段の反応を見て、待つ姿勢が大切になります。

(5) シンボルで表現する段階

7　シンボルでの要求

　指導4で活用した絵やイラスト、写真をシンボルに替えていきます。好きな絵本で遊び、その後いくつかのシンボルから絵本のシンボルを選択させ、再び絵本で遊べることを理解させていきましょう。同じように、おもちゃなどの具体物とシンボルとを対比させながら教えていきます。この時に、「お願いします」「ください」「やりたい」などの基本的な動作のシンボルも教えていくと、シンボルを組み合わせた活動が作りやすくなります。

8　シンボルで遊ぶ

　シンボルを活用することで、コミュニケーションの楽しさを体感し、語彙を増やしていく段階になります。質問のシンボルを子どもに活用させることで、相手が答えてくれる楽しみを経験することにつなげていきましょう。この活動で子どもは質問することに興味を持ち、様々な人とコミュニケーションを図りながら、語彙を増やしていくことができます。例えば、廊下で会った先生に、今日の朝食を尋ねたり、好きな果物を聞いたりといろいろな質問をすることが可能となります。結果として、語彙は増え、コミュニケーションを図る楽しさを経験していきます。シンボルとしては、日本で開発されている視覚支援シンボル Drops（ドロップス）[4] が、日本の文化に適しており、数も豊富で、活用している子どもも多く、適切だと思います。

9　設定場面でシンボルを使用

　生活単元学習の買い物学習などでは、シンボルを活用しながら授業を組み立てることが可能となります。この段階になると、名詞や動詞、形容詞などを組み合わせて活用することで、実際の学校生活の場面に生かしていくことができるようになります。結果として、語彙はかなり増えていくでしょう。

10　シンボルで日記や手紙を書く

　シンボルを組み合わせて、文章を作れるようにします。シンボルを黒板やボードに貼っていき、文章を作成していきます。応用として、学校での出来事をシンボルで文章にして保護者に見せ称賛されることで、子どものモチベーションを高める活動などが可能となります。

11　シンボルブックで表現

　多くなったシンボルをコミュニケーションブックにカテゴリー別に分類し、必要に応

じて活用することもできます。もちろん、子どもによってはタブレットで Drop Talk などの活用も考えられます。

（6）文字により表現する段階
12　文字で表現する

　文字で表現する場合には文字を読めることが基本になりますが、多くのシンボルを理解しているので、シンボルとひらがなを活用しながら文字当てゲームやカルタなどをやっていくとひらがなが自然と頭の中に入っていくと思います。

　今まで述べてきた AAC の指導プログラムの中で、実際に重度重複障害児に活用できるのは、ほとんどの子どもの場合、指導1〜5か6までだと思います。しかし、発語がない子どもは知的に低く見られがちです。子どもによっては、私たちが予想していたよりも知的レベルが高いことに驚かされる場合もあります。このようなプログラムを実施することで、そのことに気付かされることがあり、新しい発見となります。何もアクションを起こさないと、子どもについての新しい発見はありません。とりあえず実施することです。また、重度重複障害児の中には、自閉的傾向からコミュニケーションが滞っている子どももいます。そういう子どもには、シンボルは意外と理解しやすいツールになるかもしれません。

③ 重度重複障害児のコミュニケーション

　コミュニケーションには、大きく分けると以下のように受容面と表出面の2つの側面があります。
　　受容面・・・話し手からの働きかけやことば掛けに対して、場面や状況に応じながら、意味を解釈し行動に移したりすること
　　表出面・・・ことばやそのほかの様々な方法で自分の意図や気持ちを相手に伝えること
　重度重複障害児の場合には、受容面では、適切な環境と姿勢が大きく関係してきます。例えば、周りの刺激が強すぎると、その刺激に子どもは影響を受け、こちらからの働きかけをうまく捉えることができない場合があります。音源に対しての姿勢が適切でないと、情報をうまく捉えることができないでしょう。一方、表出面のおいても、姿勢は大きく影響してきます。適切な姿勢でないと、発声や発語がうまくいかない、または身振り手振りの動きに支障が生じるなどが考えられます。このように、重度重複障害児の場合には、知的障害児と違い、環境要因以外に姿勢がコミュニケーションに大きく影響してきます。次は、コミュニケーションに対する姿勢の影響について述べていきます。

4 コミュニケーションと姿勢

重度な障害を有する子どもとコミュニケーションを成立させるためには、姿勢が大きな要因の一つとなります。例えば、姿勢が安定しない状態では、コミュニケーションを受け入れることが難しくなることは想像に難くないでしょう。

それでは、適切な姿勢とはどのような姿勢になるのでしょうか。

まず、受容面で見てみると、もちろん頭部の位置が重要になります。頭部が適切な位置にないと、まず視覚情報の入力に滞りが起こります。また、体が伸びきった姿勢は、外部からの情報により、異常緊張が起こりやすく、体のそりやねじれを生じさせるかもしれません。そう考えると、なるべく子どもがくつろいだ姿勢となるように屈曲位や中間位を取り入れながら、姿勢を作ってあげることが条件となります。まずは、子どもの股関節や膝関節を屈曲位にしてみましょう。P35の図3-22のように仰臥位の子どもの場合には、膝下にクッションを入れ、下肢を屈曲位にし、三角マットを活用し、視界を確保してあげましょう。また、側臥位の場合には、図6-2のような、仰臥位に近い浅い側臥位が適切になります。この姿勢だと、視界が広くなることで、多くの刺激の取り入れが可能となり、さらには股関節、膝関節を屈曲位にしていることで、緊張も強くなりにくい姿勢になります。気を付けなければいけないことは、首のそりが出ないように、頭部を軽く前傾にした姿勢でクッションなどを使いながら保持してあげることが大切です。もちろん、座位保持椅子を活用すれば、子どもの体は自然と屈曲位で後傾に保持され、コミュニケーションを図るには適切な姿勢になるはずですが、時々座位保持椅子が子どもの体に合っていなかったり、ヘッドレストをうまく活用していなかったりする様子も見られます。子どもの成長は、予想以上に早かったり、さらには座位保持椅子の型を取った時期が夏だと、薄着の状態で型取りを行っ

図6-2　受容面重視の側臥位

ているので、寒くなると着ている服によっては、座位保持椅子が合わなくなっている場合も見受けられます。常に、子どもの状態に座位保持椅子が適切になるように、調整を心掛けてください。

一方、表出面でも姿勢が大きく関係してきます。表出方法として、発声や発語を活用する場合には、発声発語器官の安定した動きが必須のため、頭部が適切な位置にあることが重要です。また、音声での発信が難しく、視線、手差し、スイッチ、写真や絵などを活用する子どもの場合には、まず、提示されたものが見やすいこと、次に選択する動

作が、視線なのか手の動きなのかなどを考慮して、姿勢を作ってあげる必要があります。ジェスチャーや選択などの発信の場合には、受信と違い、ある程度の前傾が必要になる場合も考えられます。例を挙げると、スイッチを押す、絵や写真を手で選択するなどは、軽い前傾の方が上肢は操作しやすくなるでしょう。側臥位の場合には、図6-3のように、下の足に上の足の重みが重ならないように足の位置をずらし、上肢の重さをクッションやタオルで逃がしながら、上肢が使える

図 6-3　側臥位での AAC の活用

ようにしてあげることで、スイッチや選択する動きを保障することができます。このような姿勢で学習に臨むと、能動的な発信が見られやすくなり、主体的なコミュニケーションを促すことにつながります。

　もっと細かく言うと、子どもの筋緊張の違いによっても、写真やイラストなどの提示方法や場所を変えていきます。例えば、低緊張で、体幹保持が難しい子どもの場合には、体の姿勢は後傾でないと、体が崩れてきます。その場合には、斜面台などを活用し、かなり高い位置に提示してあげましょう。一方、反りの強い子ども場合には、座位保持椅子の天板などを活用して提示することで、頭部が前屈し、反り返りを少しは軽減してくれるはずです。

⑤ 重度重複障害児のコミュニケーションの特徴

　姿勢の影響については述べましたが、重度重複障害児の場合では、それ以外でも通常の子どものコミュニケーションの発達と比較すると、特徴的な反応が見られることが少なくありません。その特徴的な反応を以下に述べます。

　ア　受容器官の障害の程度が分かりにくい。例えば、視力がどの程度あるのか、聴力に異常はないのかなど。

　イ　表出がはっきりしない。音声だけでなく、子どもの感情の表出（笑顔や身体の動きなど）も分かりにくい。

　ウ　音声や運動等の表出機能を使えない場合には、音声やジェスチャーなどで表出できない。

　エ　異常な緊張が入り意図しない動きが見られる。反り返る、非対称性緊張性頸反射（P29 を参照）など。

　オ　てんかん発作などの状態が頻繁だったり、薬が影響していたりして、覚醒が低い場合がある。

　カ　反応が思ったより遅い場合がある。

キ　聴覚や視覚よりも、触覚、前庭覚、固有覚の受容が優れている場合がある。

ク　笑顔がうれしい表現とは限らない場合もある。笑い発作、感情失禁（感情の調節がうまくいかず、自分の思いとは異なる感情が出たりすること）など。

ケ　聴覚過敏で音や声掛けなどに過剰に反応することもある。

　このように、重度重複障害児ならではの特徴が見られることも少なくありません。これらの点を考慮に入れながら、コミュニケーションを図っていくことが必要です。

⑥ 発信が分かりにくい子どもに対する注意点とその考え方

　特別支援学校への医療的ケアの導入もあり、学校内にかなり障害の重い子どもが多く見られるようになりました。そのため、動きや反応が微弱な子どもも少なくないと思います。このような子どもとどのようにコミュニケーションを図っていけばよいのでしょうか。そのための注意点を以下に示しました。

ア　肯定的に子どもの動きを考えたり、推測したりすること

イ　子どもの動きや発声には、必ず何らかの反応を行うこと

ウ　子どもの反応や動きを十分に観察すること

エ　子どもの有効な受容器官はどこか。その器官を活用すること

オ　覚醒のレベルを学校生活に合わせること

カ　子どもが好きなものを把握すること

キ　随意運動が可能な部位を把握すること

ク　自己刺激は無理に止めずに活用できないかを考えること

以下に、これらの注意点について詳しく述べていきます。

ア　肯定的に子どもの動きを考えたり、推測したりすること

　これについては、重度な子どもを担当している教師にとって最も大切なことになります。子どもの障害が重い場合に、担任が「この子どもには難しかっただろうな」「一年間で伸びるのは難しいかな」などと決めつけてしまうことは、子どもの成長の可能性を摘み取ることになります。子どもの実態を否定的に捉えると、子どもの微弱な動きを観察しようとする教師の意欲や態度も徐々に低下することにつながっていくでしょう。また、教師の側から子どもの反応を引き出すための様々な問いかけや働きかけもおそらく少なくなっていくと考えられます。これでは、一年間担任として、子どもと一緒に過ごしている時間を生かしきっていません。時間的には、子どもは家庭で過ごす時間が一番長いのですが、様々な事情や睡眠時間などを考えると、家庭にいる時間、常に保護者と子どもは接しているわけではないと思います。むしろ、一対一に近い状態で、子どもと接している時間は、保護者よりも担任の方が多いのかもしれません。つまり、最も子どものコミュニケーション能力を高める

可能性を持っているのは担任と考えても良いのではないでしょうか。また、子どもの実態を否定的に捉えると、重度な子どもを担当する教師の仕事の醍醐味を失うことになると思います。

イ　子どもの動きや発声には、必ず何らかの反応を行うこと

　　これについては、よく、赤ちゃんと母親の以下のような事例が紹介されます。

　　赤ちゃんはおむつを濡らし気持ちが悪くて泣く

　　　　　　　↓

　　お母さんは、色々と想定して、ミルクをあげたり、体温を測ったり、おむつを替えたりします。その結果、おむつを替えると泣き止む

　　　　　　　↓

　　子どもが泣くと、お母さんはおむつを替えるようになる

　　　　　　　↓

　　次第に子どもは泣くと、お母さんがおむつを替えてくれることを理解し始める

　　　　　　　↓

　　子どもは意図的におむつを替えてほしくて泣く

　　この事例では、子どもは聞き手効果段階から意図的伝達段階へ成長したということがいえます。ここで大切なことは、赤ちゃんを学習させたのは、お母さんの行動です。お母さんがおむつを繰り返し替えてあげることにより、赤ちゃんとお母さんとのコミュニケーションが成立したのです。もし、お母さんがおむつを替えてあげなければ、子どもが意図的におむつを替えてほしくて泣くという行動は生起しなかったでしょう。

　　これは重度重複障害の子どもにも当てはまると考えて良いのではないでしょうか。もしかすると、重度重複障害の子どもの多くは、明確な意図をもって表出を行っていないかもしれません。しかし、教師は子どもの表出を、自分に向けられたものと受け止め、必ず対応していくことが必要です。この対応の蓄積が、子どもとのコミュニケーションの基礎を育てていくのです。決まった反応を返すことで、子どもは自分の発信に教師が何らかの反応を返してくれることに気付き、次第に無意識の表出から意図的な表出へと変化し、同時に子どもは教師を意識できるようになっていきます。

ウ　子どもの反応や動きを十分に観察すること

　　これは、特別支援学校の教師としては当然の行為になりますが、重度な子どもを担当する場合には、子どもの動きが、意図的なのか、不随意なのかを識別する力をつけることが重要です。動きについては、常に子どもをきちんと観察しておくと不随意の動きか、随意的なものなのか次第に分かってきます。

エ　子どもの有効な受容器官はどこか。その器官を活用すること

　　重度な子どもの場合には、視力がうまく使えていないことや聴力はあるが、どの

ように聞こえているのか分からないことも少なくありません。このような場合には
どのようなコミュニケーションが可能なのでしょうか。例えば、先天性盲ろうの子
どもとのコミュニケーションは触覚を活用します。重度な子どもの場合にも、視覚
や聴覚よりも触覚・固有覚・前庭覚などの方が、受け入れとして適切な場合も見ら
れます。シーツブランコやトランポリンでの活動で笑顔が見られる場合には、おそ
らく前庭覚が大いに影響しているのではないでしょうか。また、いくつかの感覚を
組み合わせて指導することも有効です。例えば、手遊び歌「一本橋こちょこちょ」は、
聴覚や触覚、さらには視覚と固有覚への刺激も合わせたアプローチになります。こ
の活動を音声なしでやったり、逆に手遊び歌だけを聞かせたりした時の子どもの反
応を観察していくと、子どもがどの刺激に最も反応しているのかが分かってきます。

オ　覚醒のレベルを学校生活に合わせること

　　重度な子どもを担当していると、学校で子どもが眠っている時間が長い場合があ
りませんか。これでは学習活動を実施することは難しいですね。もちろん、子ども
によっては、多くの睡眠時間をとる必要のある子どももいるかもしれません。しか
し、もし保護者から「自宅では寝ないです」と言われたら、完全に睡眠と覚醒のリ
ズムが崩れています。その場合には、家庭と連携して学校生活で覚醒水準を高めて
いく必要があります。もしかすると、薬が影響しているかもしれません。とにかく
連携を図りながら、家庭では睡眠を確保し、学校では覚醒水準を高めていくように
努めます。この問題は学校だけではうまくいきません。学校、家庭、主治医と連携
して解決していく必要があります。例えば、学校における睡眠状態を病院へ報告す
ることで、睡眠作用の軽い薬に変えてもらえるかもしれません。また、家庭におけ
る早い時間での入眠の習慣、また学校ではどの程度の睡眠状態なら起こすようにす
るのかなどの共通理解を図る必要があるでしょう。

カ　子どもが好きなものを把握すること

　　これは、特別支援教育の基本中の基本です。子どもの好きなものは何か、または
どんな活動なのかを把握すること。これが分かれば、特別支援教育は大きく前進し
ます。ただ、障害の重い子どもの場合には、なかなか好きなものが見つからないこ
とも事実です。これらの子どもの場合には、前庭覚や固有覚を刺激するダイナミッ
クな活動が好きな場合が少なくありません。例えば、シーツブランコやトランポリ
ンの活動、さらにはバイブレーターの活用で笑顔が見られることもあります。その
場合、トランポリンで揺れを提供した後、急に止めてみましょう。もし、その後発
声や何らかの動きが見られるようなら、やってという催促と捉えることができます。
その時は、同じ活動を繰り返して確認してみてください。しかし、これらのダイナ
ミックな活動は、人的パワーの面や教材教具の関係などから、子どもの強化子とし
て常時活用できないことが大きなネックになります。このような場合、常に活用で
きる感覚と抱き合わせで刺激を与えてみてください。例えば、トランポリンでの揺

れと同時に決まった歌を歌う。そうすることで、トランポリンの活動を抜いても、歌が強化子になる場合も見られます。

キ　随意運動が可能な部位を把握すること

　　随意的な動きのある場所に、AACのハイテクエイドのスイッチなどを設置してみましょう。意図的な動きが見られない子どもの場合には、子どもの手を取り、一緒にスイッチに触れてみましょう。もしかすると、子どもに新しい動きや変化があるかもしれません。全く反応がない子どもも多いと思いますが、しばらく続けてみてください。知的障害の子どもと違い、すぐには反応が見られない場合も少なくありません。しばらく続けても、新しい動きや変化が見られなかったら、スイッチを押した後のフィードバックとしての視覚や聴覚、または触覚や固有覚への刺激が適切ではなかったのかもしれません。その場合も、諦めず様々なフィードバックで試行錯誤を続けてみてください。子どもは私たちの予想もしない刺激が好きだったりします。また、AACの導入前には、シンプルテクノロジーを活用してみましょう。もし動きの見られる箇所があったら、そこにシンプルテクノロジーのスイッチを提示します。偶然触ったスイッチで、おもちゃが動くなどの外界の変化が子どもの強化子となり、活動が続くかもしれません。活動が続くようでしたら、そこに教師が入っていきます。そのことで、子ども⇔おもちゃ⇔教師の三項関係を成立させていきましょう。

ク　自己刺激は無理に止めずに活用できないか考えること

　　自己刺激は、外界との関係を築けない障害が重たい子どもが陥りやすい活動です。この活動の多くは自己の感情コントロールのためにやっている場合が多いので、無理に止めるようなことはしないほうがいいでしょう。また、自己刺激の動きがあるということは、意図的な動きが可能ということです。子どものこのような動きを自己刺激とネガティブに捉えるか、自発的な動きとポジティブに捉えるかは、担任次第です。是非、ポジティブに捉えてください。その動きはシンプルテクノロジーのスイッチ入力の動きとして活用できるかもしれません。しかし、止めないと体を傷つけるような自己刺激の場合もあります。その場合には、以下のような方法を試してみてください。

・自己刺激よりも子どもの好きな刺激を与える
・自己刺激を行うことができないような対立する動きを
　教える
・自己刺激と同じ感覚を得る別の動きを教える
・自己刺激の動きで入力できるシンプルテクノロジーを
　活用する
・自己刺激を制止しながら、他の刺激（音楽等）を同時
　に与える

写真6-1　赤ちゃん新聞

以前、抜毛を続けていた子どもに、写真 6-1 のような赤ちゃん新聞（People）を
提示したところ抜毛が止まった事例がありました。

コミュニケーションの基礎を教える方法[1)・5)]

　重度重複障害児にコミュニケーションの基礎を教えることが重要であることは分かっ
ていても、なかなか有効な方法を思いつかないのが現実です。実際、特効薬はありませ
んが、毎日接することが可能な教師の利点を生かしていくことが最も有効であることは
間違いありません。そのことについて、以下に述べていきます。

（1）外界に対する興味関心を育てること

　障害の重い子どもほど、教師の呼びかけなどに対する反応が少なくなります。そうす
ると、教師側もいつの間にか、声掛けなどの働きかけが減少していき、それに伴って、
子どもも益々反応が少なくなるという負の連鎖が形成されていきます。そういうことの
ないように、子どもの反応が見られなくても必ず声掛けや働きかけは続けてください。
特に、障害が重度な子どもに対して、身体に触れるという直接的なアプローチが少なく
なってはいませんか。「どう触って良いのか分からない」、「けがをさせてしまうのでは
ないか」などの理由で、触ることを極力避けている教師を見かけることがありますが、
これは一番の禁忌事項です。触ることで、子どもの身体や反応を理解でき、また子ども
も外界への興味関心を高めていく可能性があります。正常に発達している子どもは、自
分から探索行動を行いますが、それが困難な子どもの場合には、外界からの働きかけが
ないと、どうしても外界への興味関心は薄れていくことになります。それを補うのが教
師の仕事になるのです。

（2）全ての感覚器を活用すること

　障害が重度の子どもの場合には、コミュニケーションの手段が必ずしも聴覚有意とい
うことはありません。視覚優位な子どもも多いでしょうし、もしかすると、触覚や前庭
覚、固有覚を盛んに働かせているかもしれません。触れる、揺らすなどの活動は常に学
習に取り入れていきましょう。

（3）目合わせの教え方

　好きな活動を続けて、止めた後に子どもが教師の目を見たら、活動を再び実施します。
この活動の繰り返しになります。このときには、最初は図 6-4 のように、なるべく教師
の顔の近くで好きな活動を子どもに提示することで、子どもの視線が教師の視線と合い
やすい角度を保ちます。子どもに教師と目を合わせるような行動が出てきたら、少しず

つ教師と提示している活動を離していきましょう。それでも、教師の目を見るようなら、目合わせが確立したと考えて良いと思います。また、目合わせだけでなく、発声で要求してくる子どももいるかもしれません。例えば、「一本橋こちょこちょ」をやりながら、急に止めてみてください。目を見たり、もしかしたら、声を出したりする子どもがいたら、おそらく子どもの要求のサインだと受け取って良いのではないでしょうか。

図 6-4　目合わせの教え方

（4）指差し（手差し）の教え方

　子どもが好きなおもちゃなどを、わざと手の届かないところに置いてみましょう。もし、何らかの要求があったら、子どもの手を介助して、伸ばしながら、手差し動作を教えます。指差しは難しくても、手差しが可能な子どもがいるかもしれません。子どもが一緒に手差しができたら、すぐにおもちゃを渡してあげましょう。もし、要求が出ない子どもの場合には、手の届く位置におもちゃを置きます。最初は、子どもの手を取り、おもちゃを渡して遊んでください。少しずつおもちゃを手の届かない場所に置き、手差し動作を教えていきます。

（5）共同注意の引き出し方

　（3）の目合わせの教え方の応用になります。絵本を活用し、子どもの好きな絵や箇所が分かったら、その部分を隠します。もしかすると、発声が見られるか、子どもによっては手を払いのけようとする行動が出てくるかもしれません。その場合には、手の届かない位置に絵本を設定してください。（3）で実施した図 6-4 のように前方から支援すると、偶然子どもと教師の目が合うことがあると思います、その時には、隠した手を外し、「○○だねー」と言って話を広げてあげましょう。この繰り返しの活動を行うことで、共同注意が引き出される可能性があります。

（6）定位反応の引き出し方

　定位反応はコミュニケーションの基礎になります。まずは、人を探そうとしたり、興味のあるおもちゃを見たりといった外界の人や物に対する反応が出やすい環境を設定します。障害の重い子どもの場合には、どうしても自発的な動きや探索行動が難しくなります。それを補うだけの外界からの刺激が必要です。偶然目があったら、表情を変えたり、関心を示すポーズをとったりして、子どもの外界への興味関心の広がりを支援していきます。もし、子どもにおもちゃを見たり、人を探しているような行動が確認できたら、ほめたり、一緒に遊んだりして、子どもの行動が伝わったことをフィードバックし

てください。このような繰り返しが、定位反応を育てていくことにつながるはずです。

（7）期待反応の引き出し方

期待反応とは「いないいないばぁ」や手遊び歌の「一本橋こちょこちょ」などで、目的とする事象が目の前に現れる前や期待することが始まる前に、それを予測し期待する能力になります。期待反応を引き出すには、子どもの興味関心の高い絵本や好きな遊びを普段から把握しておくことが必要です。もし、教師の表情の変化が好きな場合には「いないいないばぁ」が使えますし、絵本であれば、写真6-2のような『いないいないばぁあそび 改訂版』（偕成社）や写真6-3のような『だるまさんが』（ブロンズ新社）などが適切な絵本だと思います。また「一本橋こちょこちょ」などの手遊び歌は、聴覚や触覚の刺激での期待反応を引き出すにはとても良い教材になるはずです。

写真6-2　絵本1

写真6-3　絵本2

（8）イエス–ノー反応の確立

重度重複障害児の場合には、ことばでの表出表現が難しい子どもが多いと思います。子どもの中には、ことばは出なくても発声なら可能な子ども、または発声も難しい子どもも見られます。しかし、どちらの子どもの場合でも、イエス–ノー反応の確立は、コミュニケーションやその後のAACの活用の基礎ともなるため、しっかりと育てておきたい内容の一つです。

反応の引き出し方としては、子どもの興味関心の高いものを提示し、笑顔や発声が出るのを促します。その行動をイエスの反応として受け止め、イエスの反応が出たら、一緒に遊ぶことや好きなものを渡すことなどを強化子として遊んであげましょう。一般的に、イエス–ノー反応の始まりは、イエスの場合には、笑顔などになる場合が多く、ノーの場合には反応がないことが少なくありません。しかし、笑顔などの表情は、周りの状況や感情に左右されやすいので、できれば笑顔と一緒に子どもへの身体介助や子どもの模倣などを活用しながら、感情に左右されないような体の動きやうなずきなどに変えていくことが重要です。シンボル活用などの先を見据えると、イエスの場合には○のシンボル、ノーの場合には×のシンボルが使われることが一般的になります。視線での要求が確立した後で、○×カードを活用すると定着が早いと思います。具体的には、好きなおもちゃで遊んだ後で、「もう一回、遊ぶ」と聞きながら、○と×のカードを両方提示し、○を見たら、遊んであげる。難しい場合には、選択ではなく、○のカードだけを見せた後、好きな遊びを行います。その活動を繰り返し何度も行ってください。次第に、○＝イエスの意味に気付いていくかもしれません。そこから、○×の選択に入っても良い

と思います。

　一方、ノーの場合には、好きなもので遊んだ後に、わざと違うものを提示します。その時の子どもの反応がノーになります。その反応は発声や不機嫌な表情かもしれません。その反応が見られたら、好きなものを提示して遊びましょう。また、もし嫌いなものが分かっている場合には、あえて子どもに提示し、ノーの反応を引き出すこともあります。しかし、イエスとノーを一緒に学習すると、子どもには区別が難しく、イエスの反応がきちんと定着してからノーの反応を教えていく方が定着しやすいと思います。普段からなるべく学校生活の中で、イエス−ノーで答えられる場面を数多く設定し、繰り返し練習していくことが有効な手段であることは間違いありません。

 ## 8　ことばの表出行動を拡大していく指導

　障害の重い子どもの場合には、ことばでの表出が難しい子どもも少なくありません。そのため、子どもの適切な表出方法を教師側が受け止め、その表出を拡大しながら、ことばの発達を引き出していきます。子どもの効果的な表出方法の一つとして、前述したAACがありますが、ここでは、ことば自体をどのようにしたら、表出しやすくなるのかについて述べていきます。今までに述べた内容と重なる部分もありますが、学校生活において、子どものことばの表出行為を高める一般的な指導について以下にまとめました。

（1）ことばの表出行動を拡大する具体的な指導

　　・表出されたことばが不明瞭であっても認め、話す意欲を高めていく
　　・絵カードや具体物での発音指導は、なるべく日常で活用しているもので練習し、そのことばが言えるようになったら、学校生活や家庭生活で、要求や注意喚起の手段とする
　　・ジェスチャーや手差し、発声などは表出言語として受け止め、言語化して応じていく
　　・表出されたことばは意味や文法を広げて返す
　　・「1時間目は何の授業かな」「誰先生かな」等の学校生活に応じた簡単な質問を普段から継続して行う
　　・口形模倣を使った発声、発語指導を行う
　　・学校生活に応じたイエス−ノー反応で応えられる質問を数多く準備しておく
　　・摂食指導により口腔機能の向上を図る

　今までの指導と同様に、学校生活や家庭生活をベースに指導していきます。子どもに、自分の発語や発声で、人を動かせる喜びを感じさせることが大切です。また、子どもの

実態に合ったジェスチャーや発声などの表現方法を認め、会話の意欲を高めてあげましょう。さらに、簡単な質問や発信されたことばを広げて返すことで、ことばの表出と理解の拡大につなげていきます。障害の重い子どもでも、ある程度の動きや発声などが見られる子どもの場合には、インリアルアプローチが活用できます。

（2）インリアルアプローチ

　ここからは、そのインリアルアプローチについて少し説明していきます。インリアルアプローチは、知っている先生方が多いと思いますが、一番の効果は、関わり手である教師側の評価を行うことです。教師の子どもへの関わり方をビデオ分析し、複数の目で評価するため、教師としては辛いですが、障害の重い子どもにどのように関わったら良いのかを学習できる機会になります。また、コミュニケーションの障害とは、子どもだけの問題だけではありません。発信者と受信者の相互関係の問題なので、教師の受信者としての感度が上がれば、コミュニケーションは成立する可能性も出てきます。さらに学校現場で、関わり方のビデオを共有するために、指導目標や指導内容に関する共通理解が深まることは間違いないでしょう。御存じのように、インリアルアプローチには色々な技法があります。例えば、「ミラリング」という技法では、教師が子どもの動きをそのまままねし、「モニタリング」という技法では、子どもの発声や音声をまねすることになります。このような技法は、普段多くの先生方が子どもとの関わりの中で自然にやっているとは思いますが、それを言語心理学的技法として、7つに分類してあります。これらの方法は、障害の重い子どもだけでなく、知的障害の子どもにもかなり有効です。書籍も出ていますので、是非一読してみてください。

　このインリアルアプローチを少し意識しながら、ことばの表出行動の拡大に活用してみるのも一つの方法だと思います。

9　言語獲得の基礎力の育成[1)]

　重度重複障害児の中にも、言語獲得までいく子どもも見られます。その言語獲得の基礎について述べていきます。通常の発達では、1歳〜1歳半で発語が見られ、その後、ことばでのコミュニケーションが発達していきます。2歳以降に二語文、さらに多語文へと成長していき、それと共に、助詞や形容詞、副詞などの活用が見られ始めます。ことばの基礎力をつけるためには、物の用途に合った使い方、歌などを通した聴く力の育成、選択活動、絵や形、色のマッチング、やりとり遊びなどの経験が重要です。

　具体的には以下のような内容で、ことばの基礎力を育成していきましょう。

　・朝の会での日付調べや時間割調べなどを活用した一日の見通し

　・学校生活の具体的な場面における声掛け等での簡単な指示や場所、また身近な先生

の理解

・手遊び歌等の繰り返しの活動でのやりとりの理解

・文房具や靴などの学用品の名称や用途に合った使い方の理解

・コップや歯ブラシなどの日用品の名称や用途に合った使い方の理解

・絵本の読み聞かせなどによる名称の理解

・型はめパズルや絵カード等での形や大きさの認識

・いくつかの物の中から手差しや視線による選択行動

・ごっこ遊びなどで動作や様子を表すことばの理解

・スイッチを活用したものの因果関係の理解

・形や色、大きさ等のマッチングを通して同じものや違うものの理解

など、まだまだ色々なことが考えられます。このように障害の重い子どもでも、学校という環境においては、教師の適切な声掛けや友達との関わりにより、様々な刺激を受けながら常に学びを続けることが可能になります。

 ## 言語獲得以降の支援

　ものの用途を理解したり、人やものに名称があることに気付きながら、ことばを獲得していくと、教師や友達との関わりがさらに積極的になっていきます。もちろん、ことばでの表出が難しい子どもも多いですが、その場合には、ジェスチャー、視線、表情、イラスト、写真などの非言語的手段を活用させながら、コミュニケーションを促していくことが大切になってきます。

　ことばの理解を広げる活動の具体例

・学校生活に応じた声掛けによることばの理解

・絵本の読み聞かせや子どもの好きなテレビ、ビデオの視聴を通したことばの理解

・絵カードや具体物を用いての名称の理解

・理解している語彙を活用しての文の理解

・遊びや歌などを通してのことばの理解

・遊びなどを通して、動作を表すことばや様子を表すことばの理解

・聴覚刺激によることばだけの理解が難しい場合には、絵カードや写真、ジェスチャーなどの視覚支援を活用した理解言語の蓄積

・朝の会や帰りの会の流れを用いたことばと内容の理解

　このような内容は「自立活動の時間における指導」ではなく、むしろ学校教育全体の中で指導している場合が多いと思います。もちろん、「自立活動の時間における指導」を活用し、絵本や絵カードなどで教えていくことも大切ですが、学校生活の具体的状況に合わせたことばの繰り返しの方が、子どもには理解しやすいはずです。学校での一日

の流れに合わせて、どのことばをどの時間に理解させていくのかを一度整理しておくことが必要になってくると思います。

11 肢体不自由児の構音指導について[6)・7)]

　最後に構音指導について述べていきます。障害の重い子どもの場合には、ことば以前の問題が大きいため、構音指導に目が向かない場合が多いのではないでしょうか。しかし、重複障害を有する子どもの中にも、口形模倣などが可能な子どもも見られます。また、同じ学級の中に、構音が気になる子どもが在籍しているケースも少なくありません。そのような場合には一度構音指導を行ってみてください。構音指導は、聾学校やことばの教室では行われていますが、意外と特別支援学校では行われていません。これは、知的障害があると構音指導が難しいことと子どもと一対一の場面を作りにくいこと、また構音指導の経験のある教師が少ないことなどが理由だと思われます。しかし、重複学級の場合には、子どもと教師が一対一になれる場面も見られます。構音指導は一度経験しておくと、今後いろいろな場面で活用できるので、ぜひ行ってみてください。

（1）構音指導とは

　構音指導と似たようなことばに、発音指導ということばがありますが、発音と構音とは何が違うのでしょうか。大きな違いはないといっていいと思いますが、厳密に言うと、発音とは広い意味で捉える場合が多く、例えば、声の大きさや質、イントネーションやアクセントなども含めて、発音といいます。一方、「さかな sakana」を「たかな takana」といった場合には、本来 s の発音が t に置き換えられています。このような場合は構音に問題があり、構音障害という場合が普通です。このように、構音は音の作り方を示しています。

（2）構音の基礎を育てる日常生活での視点

　ここからは、肢体不自由児を中心とした構音の基礎を育てる日常生活での視点について述べていきます。

　肢体不自由児の構音障害、特に脳性麻痺の子どもの場合の特徴としては、胸郭のなめらかな動きが難しい場合が見られ、発話時の呼気の排出が持続しにくく、爆発的な会話になる傾向があります。また、長い会話では、後半に息が続かなくなり、聞き取りにくくなる場合も少なくありません。このような場合には、呼吸に関係する姿勢に崩れがないか注意してください。体幹がきれいに伸びて安定していると、横隔膜や呼吸に関する筋肉が適切に働き、スムーズな会話が可能となります。このように、適切な姿勢であることが、発声の基本になります。次に、口腔器官の感覚異常が見られる子どもも少なく

ありません。このような感覚異常の子どもに対してアプローチしていくには、日常生活の中での支援が有効に働きます。例えば、歯磨きの時に、舌を歯ブラシで刺激したり、よだれが出たときに拭きながら、口腔周りへ適切な感覚を入れてあげたりする小さな支援の積み重ねが効果をもたらしていきます。また、食物を捕食した後、咀嚼し嚥下するまでの顎や唇、舌の協調運動となる摂食動作が構音作りの基礎になるため、毎日の摂食指導で、咀嚼を促したり、様々な形態の食塊を経験させたりすることがとても有効になります。このように、毎日の摂食指導は、プレスピーチになるので、摂食に危険性の少ない子どもにおいても、日常で摂食機能を高める指導は常に行っておくことが大切です。

　日常の学校生活においては、以下の 3 点に特に気をつけて、構音の基礎を育てていきます。

・呼吸しやすい適切な姿勢にする

・口腔周りや口腔内の感覚を育てる

・摂食指導で十分な咀嚼を促す

　このような指導内容は、「学校の教育活動全体を通じて行う自立活動の指導」になります。一方、「自立活動の時間における指導」での構音指導はどのような内容になるのでしょうか。次に述べていきます。

（3）具体的な構音指導

①　音の作り方と構音障害

　ことばを作るには、最初に、肺からの息が喉にある声帯を振動させ音を作ります。次に、音を作る器官（唇・舌・軟口蓋・声帯）の形を変化させながら、声帯で作られた音を加工していき、様々な音になります。例えば、「パパ」と発音する場合と「ママ」と発音する場合には、どのような違いがあるのでしょうか。「パパ」も「ママ」も同じように唇を閉じていると思い

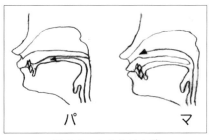

図 6-5　音の作り方[6]

ます。しかし、音の違いがありますね。これは、「パパ」では、息が口だけを通ります。一方、「ママ」では、口と鼻の両方を通っています。鼻をつまむと、音が変わるので、実感できると思います。私たちは意識していませんが、軟口蓋の働きにより、図 6-5 のように息の通り道を変えることで、「パパ」と「ママ」の違いが生まれています。このように、構音指導を行うには、ある程度の発声・発語器官についての知識は必要になるので、図 6-6 のような簡単な解剖図は理解しておいてください。

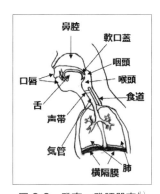

図 6-6　発声・発語器官[6]

構音障害は、大きく分けると原因が明らかなものとはっきりしないものとに分かれます。明らかな原因が認められない場合は機能性構音障害といい、一方、原因がはっきりしている場合は二つに

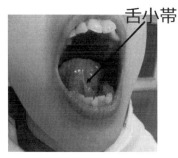

写真6-4　舌小帯

図6-7　舌小帯短縮症の舌の形

分かれ、一つは、口蓋裂、舌小帯短縮症（写真6-4、図6-7）などのように発語器官の形態の異常がある場合には、どうしても正常な音は出せません。このような場合を器質性構音障害といい、手術が対象になることもあります。また、脳性麻痺などの場合には、運動障害が原因となり構音障害を起こしています。この場合は運動障害性構音障害といいます。

②　発声の促し方

　それでは、簡単な構音障害に対する学習内容を紹介していきます。

　最初に、口形模倣などの構音指導が難しく、発語が全くない子どもの発声の促し方について説明します。これについては、今までも述べてきましたが、子どもの好きな手遊び歌やダイナミックな遊びなどを活用すると有効です。繰り返し好きな遊びを行い、急に遊びを止めたらどうでしょうか。もし、何らかの声が出るようでしたらしめたものです。おそらくその声は、遊びを続けてほしい要求の発声だと思われます。その声が出たら、また遊びを続けてみましょう。この活動を何度も繰り返して行うことで、子どもが要求として声を意図的に出せるようになったということになります。これから分かるように、きちんとしたことばや発声でなくてもコミュニケーションは可能です。基本は、子どもが好きな活動を継続して行い、その活動を突然中止して、子どもの発声での要求を待つことになります。

③　口形模倣

　次に、口形模倣などが可能な子どもの場合の指導について述べていきます。この場合には、まず子どもと教師の顔が一緒に映る大きな鏡を使って口や舌の体操をやってみましょう。大きな鏡で、教師の口の動きを見せながら、子ども自身の口の動きも確認できるようにすることが大切です。口の動きが可能な子どもの場合には、口を大きく開けたり、口をすぼめたり、口を左右に動かしてみましょう。次は舌の運動です。舌の場合には、舌を出す。口の中に入れる。舌先を鼻に近づける。逆に、舌先を下顎へ下げてみましょう。最後は、唇の周りを回してください。次は、小児用舌圧子（通販で販売されています）で、舌に刺激を入れてください。もし、小児用が大きい場合には、使い捨て用の木製のマドラーでも代用可能です。また、口唇周りに舌圧子やマドラーを直接当て、触刺激や視覚刺激で模倣を促すことも効果があります。このような学習内容が準備運動

になります。

④　おもちゃの活用

　ここからは、おもちゃを活用して呼吸を調整する学習
内容になります。

写真6-5　吹きあげ

　様々なおもちゃがありますが、一般的には、笛、水笛、
風船、紙風船、ジェット風船、シャボン玉、羽毛、ティッ
シュペーパー、吹き戻し（ピロピロ）、吹きあげ（パイ
プ吹きボール：写真6-5）、風車、ピンポン玉、袋付きス
トローなどを活用します。子どもには、吹き戻しや吹きあげ、シャボン玉などが好評で
す。しかし、シャボン玉は、場所を選んで行わなくてはいけないため、衛生管理をしっ
かりしていれば、吹き戻しや吹きあげなどを活用する方がやりやすいと思います。最近
は、肺機能を維持するために専門の機器（トリフロー）が販売されています（P88参照）。
この機器は、結果が視覚的に分かるので、知的に高い子どもには有効で、施設や病院で
も使われています。このような呼吸調整の学習内容は、継続して実施することで、呼吸
機能の維持向上に効果があります。また、机上でピンポン玉などを活用し、教師と吹き
合いをやると、ゲーム感覚で楽しめます。子どもの呼吸機能の能力にもよりますが、ピ
ンポン玉はあまりにも転がりやすいため、子どもによっては、小さなスポンジを活用し
たほうが、より楽しめた場合もありました。また、ストローの使い方を学習させたい場
合には、袋付きストローで袋を飛ばし、その距離を競うことも子どもには好評です。

⑤　食べ物の活用

　ここから先は、食べ物を活用した訓練ですので、誤嚥の心配のない子どもにしか実施
しないでください。食べ物を活用するとそれ自体が子どもにとって強化子になるため、
子どもは意欲的に訓練を行う場合が少なくありません。最初に、舌を使った動きを誘発
する方法としてミルクせんべいを使う方法を紹介しま
す。厚いものは使いにくく、薄く口唇周りにつきやすい
ものが適切です。最も使われるものは、写真6-6のミル
クせんべいです。この「ミルク煎餅」（寿宝製菓）は、
とても薄く、少し霧吹きで湿らせるとちょうど良い程度
に、口腔内や口唇周りにくっつきます。このせんべいを
口唇周りに付け、写真6-7のように子どもに舌で取って
もらいます。また、このせんべいを構音点に張り付ける
ことでことばを教えていくことも可能です。これ以上発
音指導に適したせんべいは、今のところ見つかりません。
ただ、あまりにもくっつきやすいので、子どもによって
は、口の中にせんべいが張り付く感覚を嫌がる場合もあ
り、嫌がる場合には無理をさせないようにしてください。

写真6-6　ミルク煎餅

写真6-7　せんべい活用の様子

次に、舌と口蓋とでラムネをはさみ、つぶす活動を行います。この活動では舌を平らにすることが目的となります。まず、舌を平たくしてベーをさせ、その上に、ラムネをのせます。そのラムネを舌と口蓋でつぶします。この活動でのラムネには、写真6-8の「あべっ子ラムネ」（安部製菓）が一番使いやすいと思います。カラフルで長く連なっているので、子どもに好きな色のラムネを選択させることが可能で、子どものモチベーションを高めることができます。また、ラムネの大きさや舌でつぶしやすいことから、構音指導には適したラムネといえます。もし、子どもがラムネの味を受け入れない場合には、ボーロを同じように活用することも可能ですが、ボーロはラムネと比べて固かったり、

写真6-8　あべっ子ラムネ

大きかったりするので小学部の子どもには適しません。今のところ、「ミニボーロ」（大阪前田製菓）が一番つぶしやすいのですが、他にもあるかもしれません。ボーロが難しい場合には、チョコを活用する場合もあります。「ごえんがあるよ」チョコ（チロルチョコ）を袋ごと割って小さくしたかけらを舌の上にのせてあげると同じような活動が可能です。この時、少し袋ごとチョコを温めてください。低温だと、このチョコはかなり硬くなり、意外とつぶすのに時間がかかります。もちろん、チョコレートの中には、体温で溶けやすいものもありますが、値が張ることと、このチョコの場合には、一袋を一回分として、使いやすい利点があります。チョコレートの中では、かなり薄くてつぶしやすいものだと思います。

　今までは、舌と口蓋とでつぶす活動でしたが、次は、舌を口から出し、動かす活動に挑戦してみましょう。この場合には、皿にチョコレートを付けて、舌でなめ取る活動を子どもは楽しく行います。百円ショップの使い捨ての紙皿に、チョコホイップ（ヴェルデ）を数か所付けて、子どもになめて取らせることで、舌の動きの学習が可能です。「顔にはチョコが付かないように気を付けて」といい、後で、鏡で確認させると、より舌で上手に取ろうとする子どもの動きが見られます。このチョコホイップの場合、直接、唇の周りに少しつけて舌で取らせるなどの活用も可能です。

⑥　**具体的な音の出し方**[7]

　最後に、音の出し方について説明していきます。口形模倣が可能な子どもなら、ことばは形成されなくても、発声の促進や摂食嚥下機能の維持向上にもつながるので、音の出し方の学習は、無駄にはならないと思います。

　音を教える順番として、通常は母音から子音への順が基本となります。母音から教える理由は、ほとんどの音に母音がついているためで、教え方としては、口形模倣を基本として教えていきます。子どもによっては口形を書いた図の紙を作り、提示してあげるほうが分かりやすい場合もあります。また、口腔内の場所を教えるには、先の細いマド

ラーで実際に指し示したり、前述したミルクせんべいを構音点に貼ったりすると分かり
やすいと思います。

「ア」・・・この音は、閉じた口から、自然に口を開けます。この時、舌は平らにし、下
の歯茎に付いている必要があります。付いていない場合には、舌圧子などで、軽く押さ
えてあげてください。

「オ」・・・口形は丸く、両唇の間隔は口の大きさで違ってきますが、大きい子どもで人
さし指が入るくらい、小さい子どもで小指が入るくらいになります。そのため、指を口
の中に入れてあげて、それを唇で囲むことにより、口形を示す方法もあります。また、
呼びかけの「オーイ、オーイ」を理解している場合には、呼びかけ合う遊びをすると口
形を覚えてくると思います。

「ウ」・・・口形は丸く、両唇の間隔は大きな子どもで、小指が入るくらい、小さな子ど
もだと、ストローが入るくらいになります。子どもによっては「ポッキーを口に入れる
よ」と言って口形を作ることでも楽しめます。この場合、あまり唇を突き出さないよう
に注意してください。また、舌の奥が持ち上がらなければいけません。もし上がってい
ない場合には、舌の前を軽く押さえてあげると上がると思います。豚の絵を見せて「ど
んな鳴き声かな」などで遊ぶと自然と口形を覚える場合もあります。

「エ」・・・舌を下歯茎につけ、ストローを横にして、両唇で軽くくわえます。そして、
それを静かに抜いて「エー」と発音させます。子どもによっては、ヤギの絵を見せて、「鳴
き声は」と質問してもいいですし、耳に手のひらを当てて聞こえないふりをしながら、
「エッ、聞こえません」などと言って遊ぶのも面白いと思います。

「イ」・・・両唇を軽く引き、口を少しだけ開きます。舌は先を下歯茎へ軽く押し付け、
舌の奥は少し上がります。「前歯を見せて」と言って、「イー」と言わせたりもします。

　次に子音に入ります。子音を教える順番は、子どもの実態に合わせ、発音しやすい音
からの方が子どもにとって継続しやすいでしょう。

「パ行」・・・唇を閉じ、一気に息を吐きながら「パ」と発音させます。机の上のティッ
シュペーパーや紙を「パ」と言って飛ばす遊びをしましょう。また、じゃんけんをしな
がらパーを示し、「これは何」と聞いて、「パー」を言わせることもあります。口唇が使
える子どもは、意外とすぐに覚える音です。「パー」が言えるようになったら、例えば、
「パイ」「パウ」「パエ」「パオ」と「パ」の音に素早く母音をつけると、「パピプペポ」
になるはずです。

　このようにして子音も教えていくことになります。

「タテト」・・・上歯茎裏に前舌をつけ、急に息を吐きながら、机の上のティッシュペー
パーや紙を飛ばし、「タ」と言わせます。「タ」が言えるようになったら、「タエ」「タオ」
と「タ」の音の後に、素早く「エ」と「オ」を付けると、「テ」「ト」の音になります。
しかし、タ行の「チ、ツ」の音は、別のやり方をしないといけません。「チ」の音は、
上歯茎裏に舌先をつけ、息を上歯茎裏と舌の間から息をこすって出します。「チチチ」

と言いながら、紙に唾を飛ばして発音すると覚えやすくなります。口形は「イ」の形になります。「ツ」の場合は、口形を「ウ」にして、同じような舌の動きで、「ツ」の発音をします。

　子音について、もう少し詳しく知りたい場合には、『だれでもできる発音・発語指導』[7] （柳生　浩著）を参考にしてください。運動障害性構音障害を有している子どもの場合には、クリアな発音はかなり難しいと思います。母音とパ行音、タ・テ・ト音をまずは狙って発音させることが大切です。これらの音が作れるようになったら、ほぼ不自由なくコミュニケーションは図れるでしょう。また、このような構音指導は、摂食嚥下能力や呼吸機能の向上につながっていきます。つまり、運動障害性構音障害を有している子どもにとって、構音指導は健康の保持にもなることを理解してください。

引用・参考文献

1）鈴木康之, 舟橋満寿子 編：新生児医療から療育支援へ―すべてのいのちを育むために―. インターメディカ, 2019.

2）岡田喜篤 監, 井合瑞江, ほか 編：新版重症心身障害療育マニュアル. 医歯薬出版, 2015.

3）日本聴能言語士協会講習会実行委員会 編：アドバンスシリーズ コミュニケーション障害の臨床3 脳性麻痺. 協同医書出版, 2002.

4）ドロップレット・プロジェクト　https://droptalk.net/?page_id=116

5）鈴木康之, 舟橋満寿子 監, 八代博子 編：写真で分かる重症心身障害児（者）のケア. インターメディカ, 2015.

6）山崎祥子：子どもの発音とことばのハンドブック. 芽ばえ社, 2011.

7）柳生　浩：だれでもできる発音・発語指導. 湘南出版, 1991.

第7章

医療的ケア

① 医療的ケアの意義

　重度重複障害児の教育で最も重要な位置を占めている学習内容に摂食指導があります。摂食指導は、多くの先生方が日々実践されているのではないでしょうか。知的障害児の場合には、どちらかというと、偏食やマナーの指導が中心になっている場合が多いと思います。一方、重度重複障害児の場合にも、もちろん偏食やマナーの指導がないこともありませんが、安心安全に食べてくれることを一番の目標にしている場合が多いのではないでしょうか。私自身、まだ医療的ケアの導入がしっかりと定着していなかった時代に、家では経管栄養の子どもに、学校では経口摂取を行っていました。毎日、大丈夫だろうかと心配しながら、冷や汗をかきつつ食べさせていたことを思い出します。そう考えると、今は、学校に医療的ケアが導入されて、安心した摂食指導ができるようになりました。また、以前は、学校での吸引や経管栄養の医療的ケアは保護者が行っていたため、保護者が学校に行けない子どもの場合は、障害がそれほど重くなくても、訪問教育の対象になることもよく見られました。そう考えると、医療的ケアの学校現場への導入はとても大きな意義があります。そのおかげで、給食で誤嚥していそうな子どもに、危険を顧みず摂食指導していた昔と違い、現在は安全面から考えると、摂食指導ではかなり危険性は減少したと思います。このように、医療的ケアの導入は、特別支援学校の教育に大きな変革を与えたといっても過言ではありません。

　具体的な医療的ケアの効果としては、以下の内容が考えられます。

・安心安全な学校生活

・訪問から通学への措置替え

・継続的な授業の保障

・子どもの生活リズムの確立

・家族の負担軽減

これらの効果はとても大きなものです。

　このように、医療的ケアの導入により、おそらく誤嚥していると思われる子どもの摂食指導は、経管栄養が主になっていることと思います。では、障害の重度な子どもの摂食指導は経管栄養に依存し、看護師を中心に行えば全く問題ないのでしょうか。決してそんなことはないことを多くの先生方は実感していらっしゃるのではないでしょうか。例えば、誤嚥の疑いがある子どもでも、自宅で経口摂取を続けている。そのため、学校でも経口摂取をしなければならない。また、自宅の味や食形態では、よく食べるが、なぜか学校では食が進まない。歯磨きをすると胃の内容物を嘔吐することがある、経口摂取だが、水分の摂取が難しい等々、悩みはつきないのではないかと思います。

医療的ケアの導入とその考え方

　医療的ケアについては、「特別支援学校等における医療的ケアの実施に関する検討会議」において、「特別支援学校等における医療的ケアへの今後の対応について」（平成23年12月9日）が取りまとめられています。その中で、平成24年4月より一定の研修を受けた介護職員等が一定の条件の下で吸引等の医療的ケアができるようになることを受け、特別支援学校の教員についても、認定特定行為業務従事者となり、制度上実施することが可能となっています。

　つまり、一定の研修を受けた者が一定の条件の下では、以下の5つの行為は実施可能となりました。

- ・口腔内の喀痰吸引
- ・鼻腔内の喀痰吸引
- ・気管カニューレ内部の喀痰吸引
- ・胃ろう又は腸ろうによる経管栄養
- ・経鼻経管栄養

　少し資料が古くなりますが、平成29年度の文部科学省の資料では、認定特定行為業務従事者として医療的ケアを行っている教員数は4,374人になっています[1]。しかし、この数は県によりかなり差があり、0人の県もあれば、最大は918人の県もありました。この数だけを見ると、多くの先生が認定特定行為業務従事者になっている県は教育熱心なのかなと感じてしまうかもしれません。もちろん、医療的ケアの対象児数が違うので、一概に比較はできませんが。医療的ケアの行為の手技だけが取りざたされてしまうと認定特定行為業務従事者になっていない先生としては、医療的ケアについては出番がないなと感じてしまうかもしれません。しかし、医療的ケアの行為の手技と同様に、医療的ケアでとても大切なことは、担当の子どもになぜ医療的ケアが必要なのかを理解しておくことです。このことは、安心安全な教育を行うためにはもちろん、子どもの状態をより的確に把握し、子どもに今現在どのような学習内容が必要なのかを示唆してくれることにつながっていきます。医療的ケアの子どもを担当すると、その分だけ医療的知識がつくために、学習内容に幅が出てきます。もしかすると、医療的ケアが必要な子どもを担当することに負担を感じている先生もいらっしゃるのではないでしょうか。その先生は「障害が重たいから目標設定が難しいだろうな。命の危険性はないのだろうか。連携もまめに図らないといけないな」とネガティブな考えになっているかもしれません。しかし、ポジティブに考えると、「医学的内容を教えてもらえるぞ。医療やリハビリ等の現場と連携できるぞ。家庭とも密に連携しやすくなるな」とも考えることができます。医療的ケアの子どもの場合は、多くは重複学級に所属していることと思います。もちろん、標準学級に在籍している子どももいますが、その場合でも、一人の担任が4、5人

を担当することは少ないでしょう。重複学級の場合には、おそらく３人の子どもに対して、担任２人で担当している場合が多いのではないでしょうか。つまり、通常の学校とは、マンパワーが大きく違うのです。私は特別支援学校に勤務する前は、中学校に勤務していましたが、その頃は45人学級でした。一人で45人を担当するというのは無理があります。いくら集団の力を使っても、４、５人は個別指導が必要な子どもが必ず出てきます。その子どもに支援をしてあげたくても、難しいというのが現実でした。放課後は、子どもも私も部活動に追われていました。もちろん、部活動は子どもの人間形成には必要な場なのですが、とにかくマンパワーが足りないことを痛感していました。それを考えると、２人で３人を担当できるという環境、これが特別支援学校のすごさだといつも実感させられました。もちろん、その分障害は重く難しいですが、子どもにとって、これほど恵まれた環境は、他には家庭しかないでしょう。病院の訓練でも、一対一だと思われるかもしれませんが、一週間で何時間一対一になれるでしょうか。おそらく、多くて３、４時間でしょう。中には、月１時間程度のリハビリテーションだけの子どももいます。それと比較すると、特別支援学校の教育は担当の子どもに、より多くの時間寄り添える。これが特別支援学校のすごさであり、そのことが効果を生み出すのです。

　医療的ケア児を担当する場合には、その子どもを介して、医学的な知識も研修でき、ああでもない、こうでもないと試行錯誤しながら、子どもを教育できるのです。こんな素晴らしい教育現場は他にはないと思います。つまり、医療的ケアの子どもの担任になったら、今年度は、子どもを介して、医学が勉強できるぞと思えば、まさに職場はパラダイスとなるでしょう。特別支援学校の現場で教育していると医学的知識の必要性は、日々痛感されるのではないでしょうか。その必要性から、研修に参加しても、おそらく多くの場合が、机上での知識や自分が必要としてない研修内容も少なくないと思います。そう考えると、現在目の前にいる子どもにとって必要な知識や技能を、子どもを介して教えてもらえるという素晴らしい環境は、他にはなかなか見当たりません。医療的ケア児の教育に必要な内容は医療や保健、リハビリテーションの領域まで及びます。これらは習おうと思ってもなかなか習えない領域です。こんなラッキーなことはないでしょう。私が、最初に摂食指導を習ったのは、重度重複障害児を担当したのがきっかけでした。その子どもを受け持つことがなかったら、摂食指導を習うことはなかったと思います。また、あったとしても、全体研修の中で、他人事のように聞いていたことでしょう。このように、医療的ケア児を担当できることは、医療や保健領域を研修できる絶好のチャンスなのです。自分は医療や保健領域には興味がないから、習う気はないとお思いの方もいるかもしれません。しかし、周産期医療が発達してきた現在、医療的ケアの必要な子どもが減少するとは考えにくく、今後、益々増加の一途をたどることでしょう。だから、研修しておくことは、あなたの特別支援学校教諭としてのキャリアを高めてくれることに間違いなくなるはずです。そう考えて、医療的ケアの子どもを担当してください。

　医療的ケアは、認定特定行為業務従事者になっていない場合には、実際の行為の手技

は看護師が行うことになります。そのため教師はお役御免になるかというと、もちろんそんなことはありません。先ほども述べましたが、医療的ケアの実際の手技と同様に、なぜ担当の子どもに医療的ケアが必要なのか、また子どもの身体の基本的な構造を理解しておくことが、子どもに必要な指導目標や指導内容を設定するためには、大切なことになるはずです。おそらく、前担当者との間で、医療的ケアについての引き継ぎがあったと思います。「吸引と経管栄養の医療的ケアが必要です。こういう部分があるので、○○は禁忌事項です」などの引き継ぎはよくありますが、なぜこの医療的ケアの内容が必要なのかを聞くと、「以前からこの医療的ケアの内容ですよ」などの説明だったりします。もし、医療的ケアをなぜ実施しているか分からない場合には、主治医や看護師に聞いてみてください。話を聞くと、医療的ケアは子どもの成長発達により、必要でなくなる場合も見られます。よくある例が経管栄養の事例です。ダウン症、コルネリア・デ・ランゲ症候群、コステロ症候群などの場合には、拒食が見られるケースも少なくありません。食べることができないのではなく、食べないために経管栄養なのです。つまり、経管栄養＝誤嚥ではないのです。乳幼児の頃に食べなかったため、栄養補給の必要性で経管栄養が続いているのです。また、乳幼児の頃、長期間経管栄養を続けると、経口摂取の経験不足から、食事に対する心理的な拒否が起こり、経管栄養依存症になる事例も見られます。そういう子どもの経口摂取への移行は、まさに、毎日摂食指導ができる教師の腕の見せどころです。おそらく、週数回のリハビリテーションでは難しいでしょう。ダウン症やコステロ症候群に関しては、私自身も、就学前には経管栄養が中心だった子どもが、小学部卒業時には食べている姿を見ています。

　吸引も経管栄養と同様で、必要のない子どもでも実施している場合が見られます。子どもによっては、幼少時と比較し体力がかなりついたことで、自己排痰できる能力を身に付けつつある子どももいます。その場合には、喘鳴＝吸引ではなく、子どもが自己排痰するまで、少し待ってみる姿勢も重要になってくるのです。

❸ 呼吸器官の基本的な構造

　次に、必要なことは基礎的な身体についての理解です。これは、摂食指導でも同様ですが、身体の基本的な構造を知らないと、安心安全な医療的ケアはできません。呼吸に関する器官（図7-1）と食道との位置関係などは、図を見ずに描ける必要があります。医療的ケアである吸引は、呼吸状態を良好にするために行いますが、その原因となる呼吸障害は大きく以下のように分けられます。

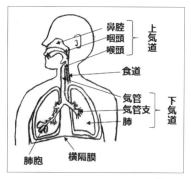

図7-1　呼吸に関する器官[2]

- **閉塞性呼吸障害**・・・分泌物や舌根沈下などで、気道が狭くなり起こる呼吸障害
- **拘束性呼吸障害**・・・肺活量が低下する呼吸障害（原因としては側弯などで胸郭が広がらない場合や肺炎などで肺の容量が減少し起こる場合などが挙げられる）

呼吸障害としては、その他混合性呼吸障害や中枢性呼吸障害が見られます。

医療的ケアに話を戻すと、例えば、特定行為の中に、「気管カニューレ内部の喀痰吸引」事項は入っていますが、気管カニューレより奥の吸引はありません。なぜでしょうか。これは、気管カニューレより奥の場合には、直接気管粘膜に吸引チューブが触れるため、気管を傷つけ出血が起きたり、図7-2のような肉芽（刺激により欠損をした部分にできる粒状の組織）形成の原因になったりすることが

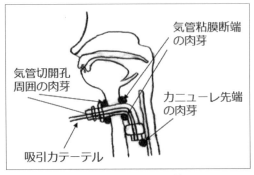

図 7-2　肉芽の形成[3]

あるためです。また、吸引刺激で気管支痙攣が起こりやすい状態になったり、子どもの疾患によっては、吸引刺激により容易に不整脈が出たりすることも要因の一つになるでしょう。さらに、図7-3のように、気管の前には腕頭動脈があり、気管カニューレ先端が気管の前壁の方向へぶつかることで、その動脈を傷つけ穴があく危険性もあるのです。その場合にはとても重篤で、致死率の高い状態になります。このように、気管カニューレより奥は、気管カニューレ内とは全く危険性が違ってきます。このようなことは、体の構造を理解していると分かりやすいと思います。

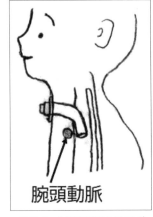

図 7-3　腕頭動脈の位置[4]

4 気管カニューレ

気管カニューレについて、注意することを述べていきます。まず、カニューレは人工物なので、気管とは違い、乾燥しやすく、詰まってしまう場合があります。そういうことのないように、人工鼻（写真7-1）の装着を忘れないようにしましょう。人工鼻の働きは外気から菌や異物の侵入を防ぎ、適度な湿度を維持します。また、私たちの気管の表面はせん毛におおわれ、分泌物を外に押し

写真 7-1　人工鼻[5]

出していて、私たちは、それを多くの場合胃の中に飲み込んでいます。しかし、カニュー

レは人工物なのでせん毛がありません。そのため分泌物が上がっていきにくい状態になり、カニューレ内に分泌物がこびりつくことがあるのです。その場合には、呼吸音が変わることがあるので、子どもの呼吸音がいつもの音と違う場合には、そのことも想定する必要があります。もちろん、カニューレが詰まるということは、気道が詰まるということなので、とても危険な状態です。常に呼吸音はチェックしておきましょう。また、カニューレには、カフ付きとカフなしがあります。カフ付きとは、図7-4のようになっている場合です。これから分かるように、カフで気管を遮断しています。この状態だと、人工呼吸療法を行っている場合には、漏れが少なく有効な呼吸が可能です。また、完全ではありませんが、ある程度の誤嚥防止にもなります。さらにカニューレに付属したサイドチューブを吸引すると、カフの上部にたまった分泌物を吸引できるようになっています。しかし、気管カニューレは喉の動きを制限しやすく、誤嚥をより助長する可能性があることも知っておくことが大切です。実際、気管カニューレの状態は、図7-5のようになっていて、カフの上部には、誤嚥で喉から落ち込んだ唾液などの分泌物が溜まっています。また子どもの場合には一般的にはカフを付けていない気管カニューレを使っています。というのは、カフ付きカニューレは、カフなしのカニューレと比較するとどうしても内径を小さくする必要があり、十分な呼吸に必要な内径を確保できないこと、またカフを使用しな

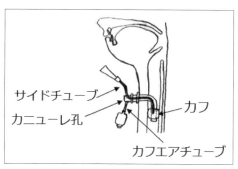

図7-4　カフ付きカニューレ[3]

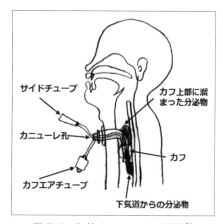

図7-5　気管カニューレの状態[3]

くても気管の輪状軟骨部が生理学的カフの代わりとなっていること、さらにカフが膨らんだ状態では気管壁を傷つける可能性があるなどの理由からです。しかし、近年では、カフ付きカニューレの性能の向上や新しい知見などから、子どもにもカフ付きカニューレが推奨されているようです。

喀痰

認定特定行為業務従事者が許可されている行為として「口腔内の喀痰吸引」や「鼻腔内の喀痰吸引」などがありました。今更ですが、ここで出てきている喀痰とは一体何で

しょうか。あまり聞かない用語だと思います。簡単にいうと、痰と同じ意味になります。では、痰とは何でしょうか。そういわれると、私たちは、気管支炎や肺炎になったときに、喉や気管から出る黄色っぽい分泌物をイメージするのではないでしょうか。もちろん、それも痰なのですが、医療的ケアの場合の痰は、広義的な意味の痰になり、下記のようないくつかのものをまとめて痰としています。

- ・狭い意味での痰・・・気管や肺などから分泌される粘液
- ・唾液
- ・鼻水
- ・嚥下しきれずに喉にたまっている水分や食物
- ・胃食道逆流で逆流してきた胃液が混ざった経管栄養剤や食物

などになります。

　医療的ケアでの「喀痰吸引」とは、広義的な意味の痰を吸引するということになり、この意味での痰の場合には、白っぽい痰と黄色っぽい痰など色々な状態のものがあります。

無色透明〜やや白っぽい場合、粘り気ほとんどなし、匂いなし

　このような痰は、異常がないと考えていいでしょう。一方、

黄色っぽい、緑色っぽい、赤みがかっている、粘り気がある、濁っている

　この場合には、細菌に感染していることが考えられます。赤みがかっている場合には、気道のどこかに傷がついたと考えられます。また、真っ赤なさらさらな痰の場合には、出血していて緊急を要する場合もあり、すぐに看護師と相談し処置を考えてください。

❻ 体位ドレナージ

　吸引の目的は、前に述べたように、痰などの分泌物を取り除き、呼吸が楽にできるようにすることです。つまり呼吸困難感を軽減することになります。しかし、自分でやってみると分かりますが、吸引は苦痛を伴うケアであり、必要以上の吸引は行うべきではありません。私たちは普段、図7-6のような仕組みで、無意識に食道へ分泌物を押し出しています。吸引が必要な子どもの場合には、分泌物の動きが悪く、気管や気管支に留まったり、勢いのある咳ができなかったり、胃の中に飲み込めないなどの原因で、分泌物が気道を塞いでしまう状態になります。そのため、ゴロゴロやゼコゼコした音（喘鳴）が聞こえてくるのです。もちろ

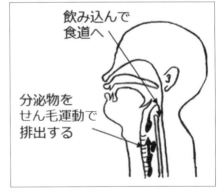

図7-6　痰の排出（せん毛運動）[3]

ん、吸引でも気道の深い部位は難しく、かなり喉の近くに上がってきた分泌物に限定されます。では、喉の近くまで分泌物を移動させるのはどうすれば良いのでしょうか。そのための有効な方法としては、体位ドレナージ法があります。ドレナージとは排液のことで、分泌物や消化液などを体の外に排泄することになります。それに、体位が付いているので、体位を変えながら、分泌物を外に出すことになります。つまり、重力を活用して、高い位置の分泌物を低い位置へ移動させて排出するという原理です。基本的には、

例えば、背中に溜まっている場合には図7-7のように腹臥位、背中のサイドに分泌物が溜まっている場合には、図7-8のように側臥位の姿勢により、分泌物を吸引できる部位まで移動させます。最終的には、咳により自己排痰を促します。自己排痰が難しい場合には吸引をすることになります。もちろん、普段とらない姿勢をとることで、緊張が強くなったり、生理的な変化があったりすることは十分予想できます。そのため、子どもの表情や状態の変化及びパルスオキシメーターを装着しての観察は必要です。また、姿勢を変えただけでは、分泌物が移動しな

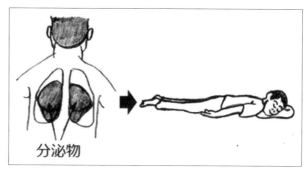

図7-7　体位ドレナージ1[6]

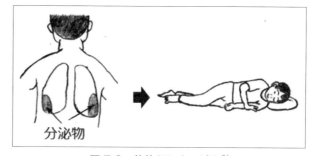

図7-8　体位ドレナージ2[6]

いことも少なくありません。そこで、軽くたたいたり、振動をかけたり、揺すったりすると効果が見られる場合もあります。もちろん、軽く、優しく、身体に負荷がかからないようにしないといけません。タッピングを行う場合には、手のひらをカップ状にすると、分泌物が動きやすくなるといわれています。また、振動はバイブレーターを活用する方法が効果的ですが、刺激が強い場合が多いので、タオル等を活用し、バイブレーターが直接、子どもに触れないように、気を付けてください。振動刺激により緊張が強くなり、身体が反ったり、不整脈や気管支の攣縮（痙攣性の収縮）等の生理的な変化をきたしたりする場合もあるので要注意です。まず、バイブレーターを同じ強さの状態で、どのくらいの刺激になるかを自分自身に当て確認し、絶対に強い刺激にならないように気を付けてください。もし、分泌物がなかなか移動しないようであれば、水分補給やネブライザーでの去痰剤や水分の吸入も必要になってくるかもしれません。分泌物の特性により移動しやすいタイプのものとなかなか移動しにくいタイプのものがあり、効果にか

なり差があります。どちらにしろ、この体位ドレナージは、体位を変えるという、とても重要な意味を持っています。なぜなら、分泌物は、一般的に最も低い位置に溜まります。おそらくそこは、換気が悪い部位であり、その状態が長く続くと肺炎や無気肺（空気が極端に減少したり全く空気が入っていない肺の状態）を起こす可能性もあります。そう考えると、体位ドレナージは肺の換気を良好にし、呼吸状態の維持向上にもつながるのです。つまり、たとえ分泌物が移動しなくても、とても大事な行為であることは間違いありません。しかし、日常とっていない姿勢も含まれるでしょうから、子どもの負担も大きくなります。無理のない時間（5～15分程度）で終わらせることが重要です。また、体の変形が強い子どもでは、基本的な体位ドレナージの姿勢があまり参考にならない場合もあり、その場合には腹臥位や腹臥位に近い側臥位などで、分泌物が溜まっている部位を口の高さより少しでも高い位置にするとよいといわれています[7]。

⑦ 呼吸介助法[6]

排痰法の一つとして、写真7-2のように、肺の動きに合わせて、呼気と共に胸郭を動く方向に引き下げ、その反動で深い吸気を促す方法があります。その結果、呼吸運動が促進され、分泌物を移動しやすくします。はじめは、胸郭に手を添え、胸郭がどのくらい動くのかを手で感じることから始めましょう。その後、できるだけ子どもに近づき、介助する手に、体重がかからないようにします。胸郭から手を放しても、

写真7-2　呼吸介助法[6]

自分の姿勢が崩れないことが基準です。もし、姿勢が崩れる場合には、子どもの胸郭で自分の体重を支えていたということになります。体重がかかりすぎると、子どもに不快感と苦痛を与え、最悪の場合には肋骨の骨折などの危険も伴います。最初は、胸郭に手のひらを当て、その動きを確認し、少しだけ動きを助けるだけで十分です。また、この方法は胸郭を押して分泌物を出すのではありません。胸郭を動かして呼吸状態を促進し、結果として排痰につながる方法だということを忘れないようにしてください。

⑧ 胸郭呼吸運動学習[8]

同じような方法に胸郭呼吸運動学習があります。この胸郭呼吸運動学習は、呼吸状態を改善する方法の中では、最も安全な方法になります。重度重複障害の子どもを何年も

受け持ち、子どもの変形拘縮に慣れている先生は、呼吸介助法も容易かもしれません。しかし、障害の重い子どもを初めて担当する先生は、呼吸介助法をやってくださいといわれても、すぐには難しいのではないでしょうか。そういう方に、お勧めなのがこの胸郭呼吸運動学習です。この方法の理論は、子どもに胸郭が動いていることを気付かせ、自発的な呼吸を促しながら、呼吸運動を促進するという原理になります。図 7-9 の

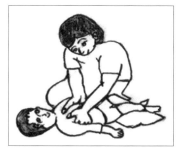

図 7-9　胸郭呼吸運動学習[8]

ように、手のひら全体で胸郭にやさしく触れます。こうすることで、教師の手のひらを介して、胸郭の動きを子どもは感じ取ることができます。方法としてはこれだけです。注意点としては、指先などの一部に圧を加えないようにします。あくまでも、子どもに胸郭の動きを感じてもらう方法になります。つまり、自分で行うと分かりますが、普段、胸郭の動きを私たちは意識せずに、呼吸を行っています。しかし、胸郭に手を当てるとどうでしょうか。胸郭の動きを意識したのではないでしょうか。子どものこのような反応を狙います。つまり、体に触覚刺激を与えることで、子ども自身に胸郭の動きを意識させ、呼吸運動を促す方法になります。

⑨ 呼吸への総合的な支援方法と注意点

　呼吸介助というと、胸郭だけに目が向きがちですが、緊張の強い子どもや変形拘縮がひどい子どもの場合には、最初、全身状態を観察し、そこから手立てを考えていくことが重要です。

① 緊張が強い場合には、まず姿勢変換により緊張を緩めた状態にする

　緊張が強いと胸郭全体の動きを悪くし、呼吸も浅くなりがちです。まずは姿勢変換で、体全体の緊張を緩めていきます。基本的には、大きな関節になる股関節や膝関節などを曲げていくことと、ボールポジション（P80 参照）に近い姿勢にすることです。このとき、姿勢変換により気管カニューレが抜けてしまわないように気を付けてください（事故抜去に注意）。人的に余裕がある場合には、他の人に気管カニューレを押さえてもらいながら、姿勢変換を行う方が安心です。

② 肩甲骨を動かす（P83 を参照）

③ 骨盤を動かす（P83 を参照）

④ 抱っこからの呼吸介助を行う

　抱っこできる子どもの場合には、図 7-10 のように抱っこしている状態で、息を吸っている場合には身体を伸ばし、吐く状態の時に身体を丸めてあげれば、それだけでも有効な呼吸介助になります。また、抱っこの状態で、子どもを後傾にしたり、前傾にした

りすることで、肺の位置を変えてあげることができます。こういう動作を、日常で意識しながら行うことが重要で、その毎日の繰り返しが、結果的に呼吸状態に効果をもたらすことになります。また、時々天板を付けていない座位保持椅子を見ますが、腕が天板の上にある姿勢は、胸郭を広げた状態になります。つまり、腕を天板にのせておくだけで、肩関節の拘縮予防や呼吸状態を維持することにつながります。もし、腕の引き込みが強く肘をこするようなら、天板の上に腕置きクッションを置くと有効だと思います。

図7-10　抱っこでの呼吸介助[9]

　呼吸介助について述べてきましたが、重度重複障害の子どもの場合には、日常の動きが少ないため、私たちが想像している以上に、子どもの変形や拘縮が進んでいたり、骨がもろくなっていたりします。基本は、胸郭の動きは深呼吸の範囲を超えないことと、また、痰を出すのはあくまでも子どもです。教師が痰を出させるのではなく、教師は子どもが痰を出しやすいように介助するという役割であることを忘れないようにしましょう。

⑩ 経管栄養

　経管栄養は、何らかの原因で経口摂取ができない場合に行います。おそらく、多くは誤嚥が原因だと思われ、方法としては、経鼻経管栄養と胃ろうが中心となります。このように、チューブを使い栄養を摂取することを経管栄養といいます。特殊な例として、口腔ネラトン法という方法では、栄養を入れるときだけ、チューブを胃へ挿入し、経管栄養を行っています。

　経管栄養も、吸引と同じで、認定特定行為業務従事者でなければ、実際に行うことはありません。では、行わない教師は何をすれば良いのでしょうか。経鼻経管栄養の場合には、最初にチューブの位置の確認を看護師と教師でダブルチェックすると思います。聴診器をお腹に当て、注射器で空気を入れたときの音（ボコ）を確認します。これは、経鼻経管栄養のチューブがきちんと胃に入っているかの確認のために行います。二股になった聴診器を活用している場合もあるかと思います。

　その後の内容は、ほとんど看護師中心の内容になります。そのため、吸引の時と同様に、教師としては、口から胃までの基本的な身体の構造を把握しながら、なぜ経管栄養が必要なのかを理解し、子どもの体の状態を知ることが、子どもの指導目標や指導内容を設定する上ではとても重要な情報になります。ところで、経管栄養は経鼻経管栄養、胃ろう、腸ろうに分かれますが、子どもがよく実施している経鼻経管栄養と胃ろうのメ

表7-1　経鼻経管栄養と胃ろうの違い

	メリット	デメリット
経鼻経管栄養	手術をしなくていい すぐにやめられる すぐにカテーテルを入れられる	カテーテルが気管に入ってしまうおそれがある 喉の不快感がある 嚥下訓練の練習がしづらい 事故抜去のおそれがある 見た目が気になる 定期的にカテーテルの交換が必要になる
胃ろう	目立たない 事故抜去のおそれが少ない 食事介助の手間が少ない 喉の違和感がなく、嚥下訓練がしやすい	手術が必要になる 胃ろう周辺の皮膚トラブルが起こりやすい 胃ろうカテーテルの交換が必要である カテーテルが抜かれた場合には、すぐに塞がってしまう

リットとデメリットを簡単に述べてみます。

　表7-1をまとめると、便利なのは胃ろうですが、やはり手術が必要なので、経鼻経管栄養の子どもも少なくないようです。

 ## 口から胃までの解剖学的構造

　解剖学的には、口から胃への流れは、図7-11のようになっています。見てもらうと分かりますが、呼吸と食べ物の経路は、共有されている部分があります。喉頭蓋で気管に蓋をすることにより、食べ物が気管に入らず、食道へ向かうことが分かります。もし、胃から食べ物が逆流してきたら、口に戻るものもあるけど、気管に入る可能性も考えられます。あと、横隔膜を食道が通過していますが、これは大切なことで、横隔膜がかなり胃からの逆流を防止しているのです。もし横隔膜から胃が飛び出していたら、

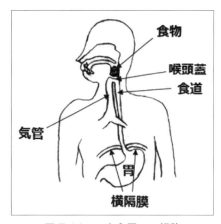

図7-11　口から胃への経路

逆流防止が弱くなるので、頻繁に逆流しやすくなります。その横隔膜から胃の一部が飛び出している状態を食道裂孔ヘルニア（P29参照）といいます。ヘルニアとは、正常な部位から飛び出すことをいい、よく聞くことばが、椎間板ヘルニア、そけいヘルニアだと思います。椎間板ヘルニアは、脊椎の椎間板が本来の位置から飛び出し、神経を圧迫することで、痛みやしびれが出ます。一方、そけいヘルニアとは、そけい部つまり足の

付け根部から腸が出てくる病気で、脱腸ともいわれています。話が脱線しましたが、食道裂孔ヘルニアの場合には、横隔膜の逆流防止機能が働かないため、嘔吐やげっぷ、逆流性食道炎を起こしやすくなります。子どもから経管栄養剤のにおいが頻繁にする場合には、逆流している可能性があり、このような状態を胃食道逆流症（GERD）といいます。私たちは逆流しても、口から出すか、飲み込むか、適切に処理することができますが、経管栄養の子どもの場合にはどうでしょうか。誤嚥があるから経管栄養にしているとしたら、逆流して口の中に戻ってきたものを誤嚥するおそれは十分に考えられ、特に逆流したものには胃酸が入っているので、誤嚥すると誤嚥性肺炎を起こしやすくなります。また、逆流したものがもっと大量に気管に入ったら、窒息する危険性が高いことは容易に想像できます。つまり、胃食道逆流症はかなり危険な疾患なのです。もし頻繁に見られるようなら、保護者や主治医に連絡して、検査してもらうことが大切です。この胃食道逆流症から分かるように、「経管栄養＝誤嚥の心配なし」ではないのです。経管栄養であっても、逆流により誤嚥する可能性があることを理解できたと思います。もちろん、唾液でも誤嚥は起こります。

12 前吸引 10)

　経管栄養を行う際に、前吸引といって、胃の内容物を確認する作業があります。この胃の内容物をチェックする作業により、子どもの健康状態が分かります。一般的には、透明な液が少量（数 ml）引けるのが正常だといわれていますが、もしも以下のような胃の内容物が引けた場合の健康状態を示します。

- **空気が大量に引ける**・・・・・空気嚥下が多い。またはチューブが抜けている可能性もあります。レット症候群の子どもには、自己刺激として空気嚥下を行う子どもがよく見られ、かなり胃に空気が入っている場合もあります
- **褐色のものが引ける**・・・・・胃や食道からの出血が考えられます
- **いつもより大量に引ける**・・・胃腸の調子が悪いと考えられます
- **黄色のものが引ける**・・・・・腸の調子が悪く、胆汁（酸化すると色が変化する）を含む腸液が逆流している可能性があります

　このように、胃の内容物から子どもの健康状態が分かります。また、胃の内容物の量や状態が普段と違ったときには、きちんと主治医や看護師と方針を決めておく必要があります。例えば、大量に胃の内容物が見られた場合には、注入する量を減らす、注入を遅らす、注入を中止する等が考えられると思います。

13 注入中の姿勢

　一般的には、座位保持椅子による座位の姿勢で、注入が行われる場合が多いのではないでしょうか。つまり、上半身を少し後傾にした状態だと思います。姿勢で大切なことは、胃食道逆流を防止する姿勢、緊張を軽減する姿勢、胃から十二指腸への流れをよくする姿勢になっているかです。胃から十二指腸への流れを促進するためには、図7-12のような胃の位置関係から、右下側臥位が適切です。しかし、左凸の側弯がある場合には、胃と食道の位置関係が図7-13の左図のようになり、逆流しやすくなります。一方、右凸の側弯がある場合には、腹臥位にすると流れが良くなるといわれています[10]。また、重度重複障害児の場合には、やせや前弯などが原因で、上腸間膜動脈症候群（P30参照）に

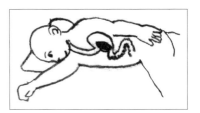

図7-12　右側臥位での胃の位置

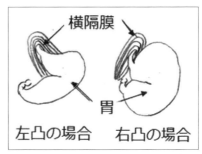

図7-13　胃と食道の位置関係[11]

なっている場合もあります。その場合には十二指腸の通過が悪くなり、胃が拡張したり、吐き気や嘔吐などの症状も見られます。この時は、腹臥位や左側臥位の姿勢が良いとされています[10]。このように子どもの状態は様々なので、主治医や看護師、家庭としっかり連携を図っておくことが必要です。

　気を付けないといけないことは、逆流しないように、食後30分以上は、安静にすることです。ついクラスの他の子どもと一緒に歯磨きをして、子どもの嘔吐反射（咽頭反射）を引き起こし、嘔吐させることがあるかもしれません。難しいかもしれませんが、経管栄養の子どもの歯磨きは食前が適切です（P174参照）。

14 経管栄養以外の誤嚥防止策

　経管栄養を行っているから、誤嚥しないということはありません。前に述べたように、胃食道逆流や唾液の誤嚥も考えられます。つまり、いくら医療的ケアを行っていても、誤嚥性肺炎になる可能性があるということを忘れてはいけません。

　では、予防策はどのようにしたらいいのでしょうか。以下のようなことが挙げられます。

　ア　口腔ケア（口腔内の細菌の抑制）

　イ　姿勢管理（適切な姿勢変換による肺の機能の維持向上）

ウ　舌根沈下や口呼吸などの防止（呼吸障害からの胃食道逆流の予防）

　エ　抗菌剤の適切な使用

　オ　胃食道逆流症の防止のための姿勢管理

以下に、詳しく述べていきます。

ア　食べない子どもほど、口腔ケアは必要です。これは、食べていないことで唾液の分泌が減り、それにより自浄作用が減少し、口腔内に細菌が発生しやすくなります。口の中にはもともとの細菌が存在します。それらを誤嚥することで誤嚥性肺炎を引き起こすことになるのです。そのため、口腔ケアは経口摂取、経管栄養にかかわらず、必ず行う必要があります。口腔ケアにより口腔内の細菌の数を減らし、誤嚥性肺炎の発症率を下げていくことが重要です。また、口腔ケアによる舌を中心とした口腔内への刺激により、摂食嚥下能力を少しでも維持することで、唾液の誤嚥を減少させることにもつながります。

イ　健康な人でも睡眠中には唾液などを誤嚥しているとされています。しかし、健康な人の場合には抵抗力が高いので簡単には肺炎にはなりません。しかし、経管栄養などを行っている子どもの場合には抵抗力が低下している場合が多く、どうしても誤嚥性肺炎を起こしやすくなります。姿勢変換を定期的に行うことで、肺全体の状態を良好にし、肺炎の発症するリスクを減らしていく必要があります。

ウ　舌根沈下などの閉塞性呼吸障害がある場合は、空気を入れようと努力するため、食道内の陰圧を高めてしまい、そのため、胃の内容物が食道に引き込まれ、逆流を引き起す可能性を高くします。もちろん、呼吸状態の悪化は体力を消耗させ、抵抗力を落とすことにもつながっていきます。さらに、口呼吸が中心の子どもの場合には、空気嚥下を起こしやすく、そのためにげっぷが出やすくなり、そのげっぷと共に胃の内容物の逆流が起こる恐れもあります。また、口呼吸では口腔内を乾燥させ、口腔内の細菌を増やすリスクを高めます。

エ　家庭や医療との密な連携により、子どもにとって最適な薬に合わせていくことが重要です。

オ　胃食道逆流が頻繁にある場合には、噴門形成術（図7-14）の対象かもしれないので、一度病院で検査を行うことが必要でしょう。もし、手術対象でなければ、姿勢により逆流を抑えていきます。図7-15を見てもらえば分かりますが、仰臥位は胃と食道の位置関係

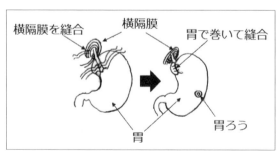

図 7-14　噴門形成術[11]

から、げっぷは出にくいが逆流は起こりやすい姿勢になります。一方、上体を起こした姿勢や腹臥位の姿勢は逆流防止には効果があることが分かると思います。結局、上

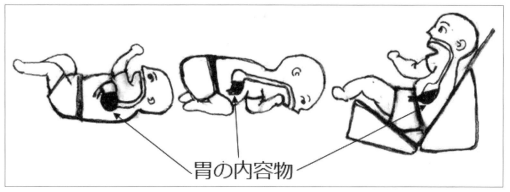

図7-15　各姿勢による胃と食道の位置関係[12]

体を起こした姿勢、腹臥位、左を下にした側臥
位（図7-16）が胃食道逆流防止の一般的な姿勢
と考えられます。しかし、変形が著しい子ども
の場合には必ずしもこのような位置関係ではな
い場合もあるので要注意です。

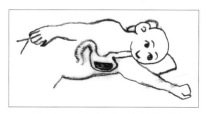

図7-16　左側臥位での胃の位置

 ## 経管栄養の順序

　看護師が経管栄養を行うときに、教師は何をすればよいのでしょうか。
順に述べていきます。

・チューブが胃へ入っていることの確認
　　・・・看護師と一緒に聴診音でダブルチェックします。

・前吸引で胃の中身を確認
　　・・・内容物で子どもの健康状態を確認、必要なら保護者に連絡します。

・注入前に姿勢の確認
　　・・・主に教師の仕事（緊張の緩む姿勢か、逆流の起こりにくい姿勢か等）です。

・注入前に注入物の確認と注入量や速度、温度などの
　確認
　　・・・看護師とダブルチェック、栄養剤の温度は
　　　　　体温程度が一般的です。

・注入開始
　　・・・注入中は、ドリップチェンバー（写真7-3）
　　　　　やクレンメ（写真7-4）で速度調節をして
　　　　　いきます。

　1分間に60滴・・・10秒で10滴・・・1時間

写真7-3　ドリップチェンバー

で 200ml

1 分間に 90 滴・・・10 秒で 15 滴・・・ 1 時間で 300ml

・注入中

・・・注入中の子どもの観察

子どもに以下のような様子が見られたら、すぐに対処します。

写真 7-4　クレンメ

・注入直後の苦しみ

・・・もしかしたら、チューブが口に戻っている可能性があります。注入を中止し、すぐに確認してください。

・注入直後に顔色が悪くなったり、冷や汗や不機嫌な様子が見られたりする場合

・・・早期ダンピング症候群の可能性があるので、注入を一時中止し、注入速度を再確認します。落ち着いたら、ゆっくり再開してみてください。

　　早期ダンピング症候群とは、栄養剤が急速に小腸に流れ込み、浸透圧の関係で体の水分が腸の中に集まり、一時的に血管内の血液量が減少するために起こる症状で、動悸、めまい、顔面蒼白などの症状が見られます。対処法としては、注入速度を遅くします。

　　一方、後期ダンピング症候群は、栄養剤が吸収され、血糖値が上がり、それに対してインシュリンが過剰に分泌され、低血糖を引き起こし、顔面蒼白や発汗などの症状が現れます。対処法としては、一回の注入量を減らし、注入回数を増やします。

・注入中の喘鳴や咳込み

・・・注入を一時中止し、何が原因かを確認します。原因としては次の2点が考えられます。

ア　注入の刺激により、唾液が多くなりのどに溜まっているか、誤嚥している

・・・食道へ唾液が流れ込むように、少し後傾にする方法が一般的です。落ち着かないときには、少し上体を上げた前傾側臥位（P79 参照）にします。

イ　胃食道逆流により栄養剤が口に戻ってきている

・・・栄養剤が戻ってきている場合には、多くは匂いで分かります。腹臥位か上体を上げた前傾側臥位にします。

　もちろん、注入中は注入が止まったり、速度が変化したりしていないかを確認します。最も注意しないといけないことは、自由に手が動く子どもの場合には、何らかの原因で、チューブに触り、事故抜去の危険性があります。常にチューブのマークの位置確認を怠らないことが重要です。少し抜けてきたと思われる場合には、無理に押し込まないようにしましょう。チューブが胃に入らず、喉や口の中で留まっている場合もあり要注意で

す。再度、必ずチューブの先端の位置確認を行う必要があります。

　普段、座位保持椅子で経管栄養をしている場合には、緊急事態を想定し、腹臥位や側臥位になれる場所を確保しておくことが必要不可欠です。また、口の中に逆流したものや唾液が溜まっている場合には、吸引を行いますが、くれぐれも吸引が刺激となり嘔吐を引き起こさないように気を付けてください。

・注入終了・・・ミルクがチューブに付着すると、チューブが詰まってしまいます。お湯を通して、栄養剤を洗い流しておくことが大切です。

・注入後・・・・胃の中は栄養剤で満たされているので、緊張させたり身体を動かしたりしないようにします。30〜60分は安静が必要でしょう。経管栄養の子どもの場合には歯磨きは食事前が適切です。

 経管栄養剤の種類

　一般に経管栄養剤としては、液体の栄養剤が使われますが、半固形化栄養剤が使用されることもあります。さらには、ミキサー食の活用も実施されている場合もあり、それらのメリットとデメリットを表7-2に示しました。

表7-2　栄養剤の種類によるメリットとデメリット

栄養剤の種類	メリット	デメリット
半固形化栄養剤	短時間で注入できる ダンピング症候群が起こりにくい 胃食道逆流が起こりにくい 下痢が起こりにくい	医薬品のものが少なく、保険が使えない場合には、経済的な負担が大きい 液体の栄養剤を半固形化する場合には、粘度調整が必要 消化管の機能障害や食道裂孔ヘルニア、胃の変形がある場合には、嘔吐や膨満感を起こしやすい カテーテルが詰まりやすくなる 胃ろうからの注入 不足する栄養素がある
ミキサー食	短時間で注入できる ダンピング症候群が起こりにくい 胃食道逆流が起こりにくい 下痢が起こりにくい 天然の多様な食物を摂取でき、微量元素や食物繊維の補給に有効である かたさや粘性を変えられる 子どもの体の状態に合わせて、栄養成分を変えられる	粘度調整が必要 消化管の機能障害や食道裂孔ヘルニア、胃の変形がある場合には、嘔吐や膨満感を起こしやすい カテーテルが詰まりやすくなる 胃ろうからの注入 ミキサー食を作るのに手間がかかる

誤嚥性肺炎は経管栄養だけでは止められないことが分かったと思います。つまり、誤嚥性肺炎には食物の誤嚥だけではなく、胃食道逆流症や唾液の誤嚥、また抵抗力の低下など多くの要因が関与しています。子どもの体を部分的に見るのではなく、総合的に見る力が子どもの健康の維持向上には必要になってきます。

引用・参考文献

1) 文部科学省 学校における医療的ケア 実態調査 平成29年度特別支援学校等の医療的ケアに関する調査結果　https://www.mext.go.jp/a_menu/shotou/tokubetu/mext_00706.html

2) 東京都教育委員会 編：医療的配慮を要する児童・生徒の健康・安全の指導ハンドブック．日本肢体不自由児協会，1997．

3) NPO法人医療的ケアネット 編，高木憲司，ほか：たんの吸引等第三号研修テキスト．クリエイツかもがわ，2018．

4) 田村正徳，前田浩利 監，日本小児在宅医療支援研究会 編：子どものリハビリテーション＆やさしいケア．三輪書店，2019．

5) GVSジャパン株式会社　https://gvsjapan.co.jp/about.html

6) 鈴木康之，舟橋満寿子 監，八代博子 編：写真で分かる重症心身障害児（者）のケア．インターメディカ，2015．

7) 倉田慶子，樋口和郎，麻生幸三郎 編：ケアの基本がわかる重症心身障害児の看護．へるす出版，2016．

8) 鈴木康之，舟橋満寿子 編：新生児医療から療育支援へ―すべてのいのちを育むために―．インターメディカ，2019．

9) 東京都福祉保健局障害者施策推進部居住支援課 編：訪問看護師のための重症心身障害児在宅療育支援マニュアル．東京都生活文化局広報広聴部都民の声課，2011．

10) 日本小児神経学会社会活動委員会，北住映二，杉本健郎 編：新版 医療的ケア研修テキスト．クリエイツかもがわ，2012．

11) 金子芳洋 監，尾本和彦 編：障害児者の摂食・嚥下・呼吸リハビリテーション―その基礎と実践―．医歯薬出版，2005．

12) 田角　勝，向井美惠 編：小児の摂食嚥下リハビリテーション 第2版．医歯薬出版，2014．

第8章

摂食・嚥下指導

1 摂食の危険性

重度重複障害児の教育の中で、摂食指導が大きな部分を占めていることについては、子どもと普段から接している先生方には異論はないと思います。他の学習内容と違って、「今日は調子が悪そうだから、食べるのは明日に延ばそうか」なんてことができないのが摂食指導です。食べることが健康を維持するための基本になることは間違いない事実です。たとえ調子が悪そうでも、よほどのことがない限り、全く食べさせないということはないでしょう。しかし、嚥下では、図8-1 を見てもらえば分かるように、食物と呼吸は経路を共有しクロスしている箇所があります。私たちが誤嚥しないのは、嚥下と呼吸が上手に協調しているから

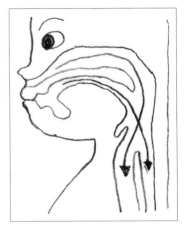

図8-1　食物と呼吸の経路[1]

です。つまり誰にでも、間違って食物が食道ではなく、気管に入ることがあっても何も不思議なことではありません。誤嚥した食物は、気管を通り肺へ入り、誤嚥性肺炎を起こしたり、さらに、誤嚥した食物が大きい場合には、呼吸ができなくなり、一刻を争う事態になることもあります。もちろん、危険なのは重度重複障害児だけではなく、知的障害児で嚥下能力には何も問題のない子どもでも危険性はないことはありません。いきなり、口いっぱいにパンをほおばったりすると、危険性は一気に高まります。この本は重度重複障害児の内容が中心になるので、そういうヒヤリハットは載せていませんが。

2 摂食・嚥下指導の基礎・基本

摂食指導での基本は、図8-2 に示してあるように、食物を捕食してからどのように食道へ運んでいるのかを理解しておくことです。つまり、解剖学的な摂食・嚥下のメカニズムを理解しておくことが摂食指導の基本となります。肢体不自由児を初めて担当する先生の場合には、摂食や誤嚥という言葉はよく耳にしても、正確には説明できない場合も見られます。そういう先生は、認知　→　捕食　→　咀嚼　→　嚥下の流れと口腔内のメカニズムをよく理解しておいてください。なぜむせるのか、なぜ誤嚥するのかが分かってくると、摂食指導を行うときに、興味関心を持って取り組めると思います。また、姿勢や口腔への支援についても納得しながら、指導ができるようになるはずです。

そして、もう一つ大切なことは、摂食・嚥下機能の獲得段階と発達の特徴（表8-1）を理解しておくことが重要です。重度重複障害児の場合には、必ずしもこの表のように、

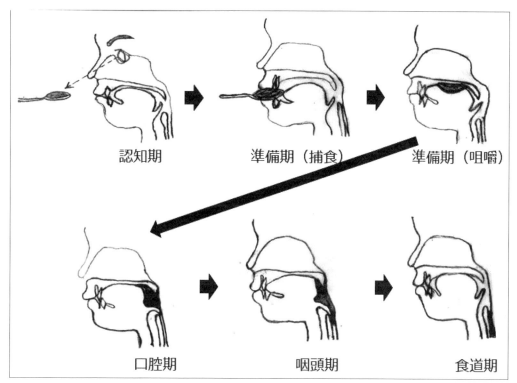

認知期　　　　準備期（捕食）　　　　準備期（咀嚼）

口腔期　　　　咽頭期　　　　食道期

図 8-2　摂食・嚥下の流れと口腔内のメカニズム
文献2）の P4〜5 を筆者が一部改変

摂食機能が獲得されていくわけではありませんし、途中で止まってしまうこともあります。しかし、この摂食機能の発達について理解していないと、子どもの実態に応じた適切な支援や食形態を提供することができません。まずはしっかりと頭の中に入れておくことが大切です。また、摂食の問題を抱えているのは、重度重複障害児だけではありません。知的障害や発達障害の子どもにも見られる問題です。もちろんその場合にも、本書で扱う内容は、役に立つことになります。

　摂食・嚥下機能の獲得段階と発達の特徴はおおまかには、表 8-1 のようになります。子ども一人一人の実態は違うため、あくまでも参考にしながら、柔軟に対応していくことが大切です。

表8-1　摂食の発達段階と食形態の関係

発達段階		哺乳期	離乳初期	離乳中期	離乳後期	離乳完了期
口唇機能		ほとんど動かない。または半開き	口唇を閉鎖する動きが出る	上下口唇がしっかりと閉じ、口唇の左右同時に伸縮する動きが出る	上下口唇がしっかりと閉じ、口唇の片側に伸縮する動きや上口唇と下口唇がねじれながら動く	上下口唇がしっかりと閉じ、口唇の片側に伸縮する動きや上口唇と下口唇がねじれながら動く
舌機能		吸啜反射の動き	舌の前後の動きがある	舌の前後の動きに上下の動きが加わる	舌の前後、上下の動きのほか、左右の動きが出てくる	舌の前後、上下の動きのほか、左右の動きがある
イメージ			ゴックン	モグモグ	カミカミ	カミカミ
異常動作		過敏、拒食、原始反射の残存など	逆嚥下、むせ、流涎、過開口、スプーン噛みなど	丸飲み、舌突出、食塊形成不全など	丸飲み、口唇閉鎖不全など	丸飲み、犬食い、流し込みなど
摂食機能の指導		脱感作、呼吸状態や姿勢などの支援	平スプーンを使い、口唇を閉じるように指導する	スプーンを使い、口唇が閉じてくるのを待つ	指でつぶせるかたさの食物を前歯でかじりとらせる	手づかみ食べや食具食べを獲得するように支援する
食形態の目安		母乳、育児用ミルク	ペースト食	押しつぶし食	やわらか食	普通食
調理形態		母乳、育児用ミルク	粒がなく滑らかで水分と粘度があるもの ヨーグルト程度	舌で押しつぶせるかたさで形のあるもの 豆腐程度	歯や歯茎でつぶせる程度で噛み切れるかたさのもの バナナ程度	歯でつぶせたり、噛み切れるかたさのもの ミートボール程度

鹿児島県立鹿児島養護学校版を筆者が一部改変

重度重複障害児の摂食・嚥下障害の原因

　ここでは、重度重複障害児の摂食・嚥下障害の要因としてはどのようなことが考えられるのか取り上げてみました。可能であれば、これらの要因を減らしていくことが安心安全な摂食・嚥下指導につながります。

ア　解剖学的異常・・・先天的な解剖学的な異常になります。例えば、口蓋裂（口蓋が閉じていないため、口腔内の陰圧が難しく鼻腔内への流入も起こる）や小顎症（下顎の運動が難しい）などが挙げられます。

イ　過敏・・・口腔周辺や口腔内の過敏がひどいとオーラルコントロールなどの食事介助が難しくなるばかりでなく、ざらざらした形態の食物を嫌がったりします。

ウ　異常動作の出現・・・舌突出（図8-3）、咬反射（図8-4）、過開口（図8-5）、丸呑み、逆嚥下（図8-6）などが見られることがあります。舌突出と逆嚥下は、同じ意味で使われることもありますが、ここでは、舌が口腔から出てくる状態を舌突出として扱いました。舌突出する場合には以下の3つの可能性があります。

・逆嚥下と同じように異常パターンの嚥下動作の場合

・嫌いなものを食べない意思表示の場合

・摂食時間以外の場面でも見られる自己刺激的な動きの場合

　一方、逆嚥下は、舌で送り込みができないことにより、舌を口から突き出しながら、舌根部を開き、食塊を流し込む嚥下方法になります。また、過開口とは図8-5のように、食物が近づいたときに、必要以上に口が大きく開きそのままになる状態です。この状態では、捕食が困難になります。

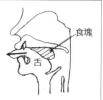

図8-3　舌突出　　　　　図8-4　咬反射　　　　　図8-5　過開口　　　　　図8-6　逆嚥下

エ　運動性障害・・・不随意運動や筋緊張のため、捕食のタイミングがずれたり、舌や下顎の協調運動障害が見られたり、咀嚼や食塊形成がうまくできなかったりすることがあります。また、嚥下時の口唇閉鎖が難しいと、誤嚥を起こしやすくなります。

オ　二次的な口腔形態の異常・・・筋緊張の異常や不自然な口腔の運動パターンが継続されると、開咬（図8-7）、高口蓋（図8-8）、前突（図8-9）などの口腔形態の異常が発生し、経口摂取を難しくします。

カ　呼吸障害・・・経口摂取を行うには、正常な鼻呼吸が重要ですが、口呼吸を行って

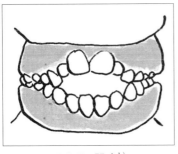

図8-7　開咬[1]

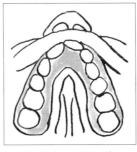

図8-8　高口蓋[1]

図8-9　前突[1]

いる子どもも見られます。

　また、呼吸障害は、胃食道逆流の引き金になることもあります。

キ　胃食道逆流・・・呼吸障害や食道裂孔ヘルニア（P29を参照）、側弯などがあると、胃食道逆流を起こしやすくなり、食欲不振や誤嚥の原因になります。

ク　反射の異常・・・原始反射の残存や必要な反射の低下などが考えられます。原始反射としては歯や歯茎への刺激により、スプーンなどを強く噛みこむ咬反射、また母乳を飲むための吸啜反射がいつまでも残っていたりする場合があります。一方、異物が気管に入ったときに、防御的に吐き出そうとする咳嗽反射（咳）が低下しているために、誤嚥してもむせこみがなく、誤嚥に気付かない場合も見られます。この状態をサイレントアスピレーション（不顕性誤嚥）といいます。

ケ　加齢による嚥下機能の低下・・・図8-10のように、成長とともに、後頸部の長さが長くなるため、その分食べ物が気管に入る危険性も高まります。また、側弯などの体の変形は、摂食・嚥下機能の低下をもたらすことが多く、小さいころには口から食べていた子どもが経管栄養になる場合もあります。

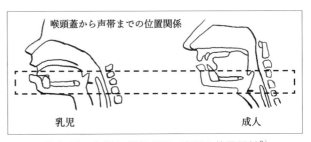

図8-10　加齢に伴う咽頭・喉頭の位置関係[3]

コ　生活のリズムの乱れ・・・睡眠や覚醒の乱れ、様々な薬（抗てんかん薬など）による影響、便秘などは食欲や摂食・嚥下機能にも影響します。

サ　不適切な支援や環境・・・姿勢や食形態、食具、介助方法などの要因や、また環境的な要因で食事に集中できなかったりする様子が見られることがあります。姿勢や食形態、介助方法などは、摂食・嚥下機能に大きな影響を及ぼします。

　これらの内容は、教育的な支援で何とかなるものと難しいものがあります。例えば、アやケなどは、教育的なアプローチでは改善することは難しいですが、サに関しては、教師が直接的に、すぐに改善できる要素が大きいことが分かります。この内容を改善することで、摂食・嚥下機能が大きく伸びる可能性も少なくありません。また、イやウな

ども、教育的な支援で、ある程度は改善できる内容といえるでしょう。それでは、サの内容についてもう少し詳しく、表8-2に記載しました。

表8-2　要因と不適切な具体例

要　因	不　適　切　な　具　体　例
環　境	給食室でのてんかん発作を誘発する聴覚刺激 給食室での子どもや教師の動きによる視覚刺激　など
姿　勢	体が反り返っている 顔が上を向いている 体が左右にねじれている 嚥下力に適した体の傾きになっていない　など
食形態	食物の硬さや大きさなどの形態が子どもの実態に適切ではない
食　具	スプーンやコップの形状、素材が合わない　など
介助方法	適切な口腔のコントロールができていない 一口量や摂食のスピードが適切でない スプーンやコップの扱い方が適切でない　など

4　誤嚥の発症のメカニズム

　誤嚥は、図8-11のように発生するタイミングで、嚥下前、嚥下中、嚥下後の3つのパターンに分けられます。嚥下前の誤嚥は、嚥下反射が起こる前に、食物が流れ込む状態です。食道の手前には、梨状窩（りじょうか）というくぼんでいる箇所があり、食物は、喉頭蓋（こうとうがい）という気管の蓋で左右に分かれ左右に位置する梨状窩を通り、そこから食道に入ります。嚥下力が弱い子どもの場合には、この梨状窩や喉頭蓋の凹みとなる喉頭蓋谷（こうとうがいこく）という部位に、食物や水分が残り、これが気

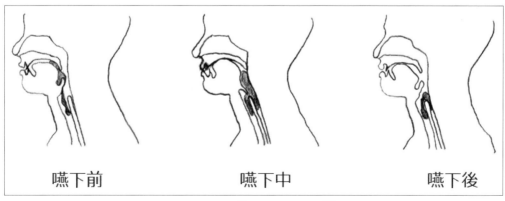

嚥下前　　　　　　　　嚥下中　　　　　　　　嚥下後

図8-11　誤嚥の3つのタイプ[4]

管に入る場合が、嚥下後の誤嚥になります。一方、嚥下中の誤嚥は、喉頭蓋の閉鎖がうまくいかなかったり、タイミングがずれたりすることにより起こります。

5 誤嚥の症状

誤嚥を疑う臨床像としては、表8-3のようなことが挙げられます。その内容について以下に述べてみました。

ア　食事中のむせや咳は最も分かりやすい反応です。ただし、誤嚥していてもむせや咳の出ないサイレントアスピレーションの場合もあり、必ずしも、誤嚥＝むせや咳ではありません。

イ、ウ　食べることや飲むことを嫌がる場合には、ただの好き嫌いではなく、子ども自身が危険を察知し、嫌がっている場合があるので要注意です。

エ　筋緊張が亢進するのは、誤嚥により体に緊張が引き起こされたり、逆に摂食時の緊張で誤嚥が引き起こされたりする可能性もあります。

オ、カ　食事中に顔色が優れないと思ったら、パルスオキシメーターを活用し酸素飽和濃度を測ってみましょう。機種によっては、継続して記録が残せるタイプもあります。食事をしていない場合と比較し、値がどの程度低下するか確認することが重要です。また、頸部聴診法も有効です。図8-12の位置に聴診器を当て、嚥下音を確認する方法になります。写真8-1は、販売されている専用のマイクとスピーカーです。マイクとスピーカーがあると、みんなで嚥下音を確認できるというメリットがあります。

キ　食事中や食後に見られる喘鳴は誤嚥のサインになります。食事中や食後の「ゼロ、ゼロ」という喘鳴は、喉に食物や水分、唾液が残っている状態です。一方、嚥下後の「ヒュー、ヒュー」という喘鳴の場合には誤嚥により気管支が攣縮して狭くなっている可能性があります。どちらにしろ、食事前に喘鳴がみられない子どもが、食後に喘鳴が出てくる場合には、誤嚥の疑いがあります。

表8-3　誤嚥の臨床的な症状

ア	咳き込み・むせ
イ	食べることを嫌がる
ウ	水を飲むことを嫌がる
エ	筋緊張の亢進
オ	顔色不良
カ	SpO_2（酸素飽和濃度）の低下
キ	喘鳴（食事中・食後）
ク	定期的な発熱
ケ	CRP（炎症反応）の上昇

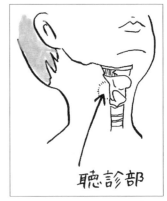

図8-12　頸部聴診法[5]

写真8-1　頸部聴診法の
マイクとスピーカー

ク　食事中ではないので見過ごされがちですが、定期的な発熱は要注意です。誤嚥性肺炎まではなっていなくても、誤嚥により炎症を起こしている可能性があります。また普段、むせや咳がみられない場合でも、サイレントアスピレーションがあるかもしれません。

ケ　誤嚥を疑うような現象があったら、保護者や主治医に連絡して、病院でCRP検査（炎症の有無を診断する検査）、レントゲンやCTスキャン、VF（嚥下造影検査）等を実施してもらい、誤嚥しているかどうかの判断をしてもらいましょう。

6 摂食・嚥下障害への支援の考え方と直接訓練

摂食・嚥下障害の原因や誤嚥のメカニズムについて述べてきましたが、学校でできるアプローチには、姿勢のコントロール、食形態、口腔のコントロールの3つに大別できるのではないかと思います。

（1）姿勢のコントロール

一般的に食事に適した姿勢とは、食物が適度なスピードで喉の方へ送られ、口唇やあご、舌が運動しやすく、呼吸が安定した姿勢になります。先生方がよく

図8-13　摂食の姿勢[2]

目にする姿勢は図8-13の左側のような姿勢だと思います。このように、上体を後ろに傾けて、首を軽く前に曲げた姿勢が最も適切な姿勢だと言われています。なぜこのような姿勢が食事に適した姿勢になるのでしょうか。首が反った場合には、気道確保の姿勢になること、さらに首の前面が伸びきることで食物の嚥下がしにくい状態になります。気を付けたいのは、座位保持椅子のヘッドレストで首を前方へ曲げたつもりでも、写真8-2の左の写真のように肩が前方に出てしまい、結局首が前屈していない場合です。一方、

右の写真は肩ベルトを利用した状態です。左の写真と比較し、きちんと首が前屈しています。このように、姿勢を整えるには肩ベルトはかなり有効に働くので、座位保持椅子に装着されていない場合には、保護者や

肩ベルトの着用

写真8-2　肩ベルトの効果

業者と連携を図り、是非つけてもらってください。

　次に、図8-13では体が床面に対して後傾になっていますが、この姿勢がなぜ良い姿勢になるのでしょうか。もし、床面に対して垂直に上体を起こした場合はどうなるか考えてみましょう。この場合には、食物を喉に送るのに重力を利用できません。さらに頭部を支えられなかったり、姿勢が崩れたりすることがあります。また、上体を垂直にすることは姿勢を保持することが必要になり、そのことで緊張が強くなることも懸念されます。しかし、全ての子どもが図8-13の左図のような姿勢が適切であるというわけではありません。子どもにより、首を少し後ろに反った姿勢の方が、嚥下がスムーズになる場合もあります。そのような場合には、ある程度、気を付けながら許容していくことも必要でしょう。また、床面に対する上体の角度は、障害が重度な子どもほど、体への負担や舌で食物を喉に送れないために、後ろに傾ける姿勢が適切です。さらに食道と気管の位置関係（食道が気管の後ろにある）より、重力を活用することで、食物を食道に落としやすくする利点もあります。しかし、後傾にすることで、子どもが食物を確認できなかったり、重力のために食物が一気に喉へ流れ込む危険性も高くなります。表8-4に上体の垂直位と後傾位の長所と短所をまとめてあります。

表8-4　垂直位と後傾位の長所と短所

	垂　直　位	後　傾　位
長所	摂食・嚥下力が育成される 食物を確認できる 生理的な流れで摂食・嚥下ができる 能動的に食物を摂取できる	頭部が安定し、姿勢が崩れにくい 喉まで食物を送り込みやすい 重力を活用し、食道に食物を落とすことができる
短所	体に負担がかかる 頭部が不安定になり姿勢が崩れやすい 喉まで食物を送り込みにくい 重力を使って食道に食物を落とせない	食物が確認しにくい 一気に、食物が喉に入り込む危険性がある 受動的な摂食になる 摂食・嚥下力が育成されにくい

　表8-4のように、どちらの姿勢も、長所と短所があり、一概にどちらが適切な姿勢とはいえません。どのような姿勢が良いのかは、子どもにより変わってきます。日常の子どもの食事の状態を確認しながら、首の角度や上体の角度を調整していくことが必要です。また、学校ではほとんどの子どもが、座位保持椅子で食事をしていると思います。しかし、子どもは未就学時には、座位保持椅子を活用せず、抱っこで食事をしていた場合が少なくありません。そのため、小学部に入学してすぐには、座位保持椅子自

図8-14　抱っこによる摂食指導[6]

体を受け入れきれていない子どもも見られます。その場合には、座位保持椅子での摂食はかなり負担となるので、子どもが座位保持椅子に慣れるまでは、一度図8-14のように、抱っこでの食事介助に戻し、徐々に座位保持椅子での摂食指導へと移行していくことを考えてみてください。

（2）食形態

子どもに適した食形態であるかどうかは、誤嚥を防いだり、摂食・嚥下力を向上させたりすることの大きな要素の一つです。例えば、子どもの能力以上の食形態の場合には、食物を処理できずに、口の中に残ったり、丸飲みしたり、子どもによっては、誤嚥や窒息などの原因になったりすることもあります。表8-1を見ながら、子どもの摂食能力と食形態を適切に合わせてください。

（3）口腔に対するコントロール

様々な要因で摂食・嚥下がうまくいかない場合、その要因に対して、適切な支援を行うことで、誤嚥の危険性を減らしていきましょう。よく挙げられる要因としては、過開口、舌突出、異常緊張、異常反射などの異常動作がありますが、子どもに応じた適切な支援は、やはり、普段から接している担任がその子どもの実態を的確に把握しながら、子どもの異常動作に対処した摂食指導を続けることで、確立させていくことが望まれます。ここでは、一般的に、紹介されている摂食指導の具体的な方法の一つであるオーラルコントロールについて説明していきます。

①　オーラルコントロールの目的

食事中に、口唇や口、顎などをコントロールすることで誤嚥を防ぎ、安全な食事を促しながら、摂食・嚥下力を高めていく方法をオーラルコントロールといいます。重度重複障害児の摂食指導は、多くの場合、一対一対応で子どもに教師がつくと思うので、それを基準に述べていきます。まず、オーラルコントロールの目的は以下のような内容になります。

　ア　過開口、舌突出、咬反射などの異常動作を抑制する
　イ　下顎を安定させながら、口唇閉鎖を促す
　ウ　頭部や下顎の安定性により、正常な摂食・嚥下動作を促す
　エ　頭部と体の位置関係を適切にする
　オ　嚥下のタイミングを確認する

それぞれの目的について簡単に説明していきます。

ア　過開口と思われる動きが出てきたら、下顎をブロックしてください。また、舌突出の場合には、スプーンで口腔内へ一旦舌を戻します。スプーンへの噛みこみが見られる場合には、スプーンの素材を変えてみてください。また、間接訓練のガムラビングは咬反射の抑制に効果があります。

イ　下顎を安定させて、子どもの適切な捕食の動きが出るように、口唇を押さえます。
口唇閉鎖は、嚥下するときには必要な動作です。口唇閉鎖ができていない場合には、前方に舌を突出しながら飲み込む逆嚥下を学習することもあるので要注意です。

ウ　異常な頭部や下顎の動きが口腔内の動きに影響するため、頭部や下顎を安定させることが、正常な摂食・嚥下の動きを引き出すことにつながります。

エ　頭部が必要以上に反ったり、左右に傾いたりしないように保持します。

オ　前方から見て確認したり、喉仏が上がることを指で察知したりすることで、嚥下のタイミングを知ることができます。

　一口に、オーラルコントロールといっても色々な方法があり、子どもの頭部の大きさや自分の手の大きさなどの関係で、それに応じた適切な方法で支援しないとうまくいきません。ここでは、4つの方法を紹介しますが、基本は前に述べたア～オの5つの目的を達成していれば、特にこの形でないといけないということはありません。自分と子どもの体の大きさを考慮しながら行ってください。大事なことは、教師が無理な姿勢でオーラルコントロールを行わないことです。無理な姿勢で行うと自分自身がきつくなり、子どもの摂食・嚥下の動きを待つことが難しくなります。そのため、無意識に食事を急がせてしまうことにつながります。そのことが、子どもの摂食・嚥下のリズムやタイミングを崩していき、その結果誤嚥を引き起こします。子どもの姿勢はもちろんですが、同様に教師も姿勢をきちんと作ってから摂食・嚥下の指導は行ってください。

② **オーラルコントロールの具体的な方法**

　実際に、押しつぶし食を用い、前方及び側方からオーラルコントロールで摂食指導を行う方法について、認知期から嚥下までの流れを以下に述べていきます。

　子どもに、食物を確認させ、スプーンを口に近づけていきます。この場合、スプーンと食物を子どもに見せますが、見せながら「○○だよ」と声掛けします。これは、目的としては子どもに食物を認識させることですが、それとともに自分自身の確認作業にもなるので、必ず行いましょう。もし、視覚的に把握が難しい子どもの場合には、鼻の近くにスプーンを持っていき、子どもの嗅覚に訴えてください。嗅覚は脳にダイレクトに刺激を与えるので、子どもの食欲を喚起させると思います。また、スプーンで軽く口唇に刺激を入れる場合もあります。子どもが口を開けたら、スプーンを口腔内に入れていきます。もし口が開かない場合には、前方介助1なら親指、介助2の場合人差し指で、側方介助1なら人差し指、介助2なら中指を使いながら、口を開けていきます。

　スプーンは舌の上に持っていきますが、あまり奥へ入れないように気を付けましょう。舌の上にスプーンのボール部がつくことで、食物が口腔内に入ってきたことを子どもは認知し、上唇を下ろしてきます。しかし、下りてこない子どもも多いと思います。この場合には、下顎を安定させ、少し頭部を前に傾けて、上唇が食物を捉えるのを待ちましょう。それでも下りてこない場合には、前方介助2では親指を使い上唇を閉じていきます。側方介助1の場合は親指で、介助2の場合は人差し指で、上唇を押さえていき

　前方からのコントロールは、子どもの表情や口の中の様子を確認しながら、摂食指導ができる点とコミュニケーションを図りながら楽しく摂食指導することを可能としますが、口唇閉鎖や過開口のブロックにはやや弱い点があります。後頭部ついては、座位保持椅子のヘッドレストで支えることになります。

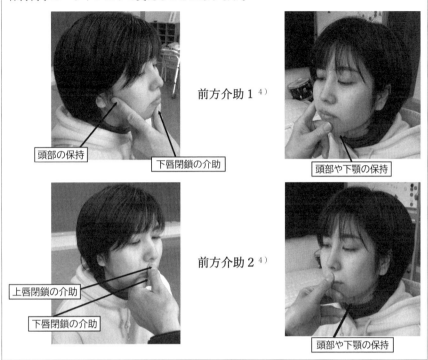

写真 8-3　オーラルコントロール（前方から）

　側方からの支援は頭部や下顎の安定性に優れ、口唇閉鎖もやりやすいでしょう。しかし、子どもと教師とが目を合わせることがなく、食べさせるだけの摂食指導になりがちで、給食が子どもや教師にとって、あまり楽しくない時間となる可能性があります。また、顔に過敏のある子どもの場合には、まず、顔の過敏をとってからでないと難しいでしょう。後頭部は、教師の腕や胸で支えることになります。

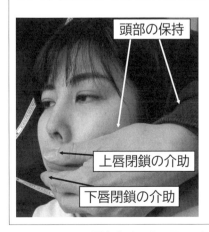

写真 8-4　オーラルコントロール（側方介助 1）[7]・[8]

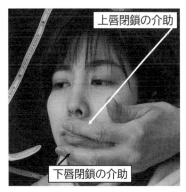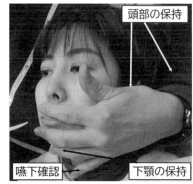

写真 8-5　オーラルコントロール（側方介助２）[9]

ましょう。唇が閉じたら、スプーンは水平に引き抜きます。口の中に入れるときにも水平です。口腔内に入った押しつぶし食は、下顎や舌の上下運動でつぶされ、喉の方へ運ばれていきます。この場合は、下顎や舌の運動が重要になりますが、これらの運動はオーラルコントロールによる頭部の安定により促進されるはずです。喉に運ばれた食物は、嚥下反射を誘発し食道へと運ばれます。嚥下時には、必ず口唇閉鎖を行うことが必要です。実際に口を開けたままで嚥下してみてください。どうですか。その難しさを痛感されたと思います。捕食の時も、口唇閉鎖はもちろん必要になるので、オーラルコントロールの基本は口唇閉鎖といっても過言ではありません。また、食物を口腔内で処理する場合には下顎は動きますが、嚥下時には下顎は安定させなくてはいけません。そこを考えながら、嚥下時の下顎のコントロールを行ってください。

③　異常動作への対応策

　子どもによっては、異常動作が出てくると思います。その場合の対処法について以下に述べていきます。

舌突出・・・スプーンで舌を押し込み、口腔内へ一旦舌を収めるようにします。緊張が強く、棒状の舌が突出してくる場合には、スプーンで舌を下方に押し、まず、棒状の舌が平らになるようにすることで、舌の緊張を軽減していきます。舌が口から突出している間には、舌の上に食物をのせてはいけません。もしも、舌が突出している状態の時に食物をのせてしまうと、舌を出すことで食物がくるという誤学習をしてしまう可能性があります。口腔内に舌が戻ったら、改めて食物をのせたスプーンを挿入し、口唇閉鎖を行いながら、スプーンを抜いていきます。

咬反射・・・咬反射が見られる場合には、感覚の過敏があると思われます。この場合にはまず、スプーンを柔らかくて平らな素材に変えてみましょう。これで、咬反射が見られなくなる子どもも少なくありません。また、咬反射が出たら、無理に引き抜こうとはせずに、口唇閉鎖をしっかりと行い、咬反射がおさまるのを待ちます。口唇を閉鎖することで、前歯でスプーンを咬み込んでいた力が少し抜けると思います。ご自身で試してみてください。咬反射がおさまったら、口唇閉鎖を行った状態で、スプーンを抜いてい

きます。咬反射には、ガムラビングが効果的なので、日常的に取り組んでください。

過開口・・・食物を取り込むときに、必要以上に大きく口を開けてしまう状態です。過開口が出たら、いったんは口を閉鎖し、そこから改めて通常の口の大きさに開け、食物を取り込むようにさせましょう。その後は、通常の捕食の支援と同様に行います。

丸飲み・・・丸飲みは、重度重複障害児よりも、知的障害児の自食で見られることが少なくありません。この場合には、摂食能力よりも高い段階の食物が与えられることで、口の中に詰め込み、結果的に丸飲みになる場合が多いようです。そのため、子どもの食形態を一旦下げ、子どもの摂食能力に適切な食形態にしてください。時間はかかりますが、そこから咀嚼の練習を改めて行いましょう。この咀嚼の練習を行っているときには、少し大変ですが、子どもに教師一人が付く体制で行うことが肝心です。というのは、子どもだけでは、多くの場合、習慣になっている丸飲みを止めることは難しいためです。また、完食するためや時間内に食べ終わるために、嫌いなものを丸飲みしていた状態が、ほとんどの食べ物を丸飲みする習慣へと移行した場合もあります。この場合には、子どもが好きな食べ物を活用しながら、味わうことを覚えてもらうことが必要になります。誤嚥の心配のない子どもであれば、キャラメルやグミなどの噛むことで味が出てくるもの、また、スナック菓子などを活用すると、噛むことの食感も同時に味わうことが可能です。認知面で高い子どもであれば、「○回噛みます」などの習慣をつけ、般化させる方法も試してみてください。

舌の運動が見られない場合・・・舌の活動性が乏しい場合には、動きが少ないため、舌と口蓋の接地面が作りにくい子どもが見られます。そのため、十分な口腔内の処理ができないまま、食物が喉へ移行される場合があります。この場合には、オーラルコントロールで頭部や下顎を安定させ、それとともに、バンゲード法の舌訓練（P162参照）を活用し、下顎から舌を押し上げるように刺激してみましょう。また、普段の摂食指導の時に、時々はスプーンで舌を刺激してください。もちろん味は強めの方が舌の動きは出やすいはずです。つまり、外界からの様々な刺激により、舌の動きを引き出していきます。それでも、舌の動きが見られない場合には、歯科医院で写真8-6のような舌接触補助床を作ってもらうと、舌が口蓋へ着く動作を補うことが可能となります。

写真8-6　舌接触補助床

7　間接訓練について

今までは、実際の食事場面での指導、直接訓練について述べました。次に、食物を使わない指導になる間接訓練につい

表8-5　間接訓練の内容

脱感作
鼻呼吸訓練
バンゲード法
ガムラビンク

て説明していきます。間接訓練で、よく実施される内容は、表8-5になります。

（1）脱感作

　子どもによっては、口腔周辺に過敏を持っている場合があり、この場合、オーラルコントロールが子どもの過敏により難しくなります。たとえオーラルコントロールができたとしても、触られることが嫌な子どもは、楽しい給食時間にはならないでしょう。そういうことがないよう、普段から子どもの過敏は取り除いておくことが必要です。過敏は、一般的には、体の中心に近いほど強いと考えられています。図8-15のように、①手　→　②腕　→　③肩周り　→　④首　→⑤顔　→　⑥口腔周囲の順で、過敏がほとんど

見られない部位から脱感作を行います。やり方の基本は、写真8-7のように、過敏の箇所を包み込みながら、手のひらを子どもの肌にしっかりと押し当てましょう。子どもによっては嫌がりますが、手をずらさないようにしてください。拒否がな

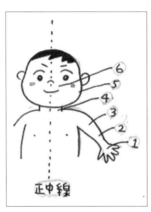

図8-15　脱感作の順序

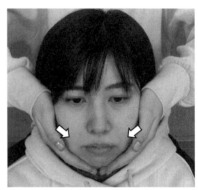

しっかりと押し当てる

写真8-7　脱感作の方法

くなるまで圧をかけ続けます。手をずらしたり、ふわっと触ったりすると、逆に触刺激は強くなり、子どもの拒否も大きくなります。手や腕の脱感作は、手遊び歌などを導入することで、楽しく行うことができるので、口腔周辺も、遊びの要素を取り入れながら行うと子どもも楽しく取り組めるかもしれません。

（2）鼻呼吸訓練

　鼻呼吸については、意外と忘れられている場合があります。これは、障害が重い子どもの場合には、保護者が鼻づまりなどに関してはあまり深刻に考えていないことが理由の一つでしょう。確かに、肺炎やてんかん発作と違い、命に即直結するような病気ではないため、アレルギー性鼻炎や副鼻腔炎などは、そのままで放置されることもあります。しかし、鼻呼吸がスムーズに行われないと、摂食指導には大きな支障が出てきます。当たり前のことですが、食べている間は基本的には鼻呼吸です。もちろん、鼻がつまっていると口唇閉鎖もままなりません。つまり、摂食・嚥下には大きな影響を与えます。また、口呼吸では、鼻呼吸と比較して、雑菌や乾いた空気が直接喉や気管に入るため、呼吸器官を痛めやすくなります。このようなことについて、保護者に折を見て話をしてみてください。摂食・嚥下機能の獲得に支障があることを伝えると、治療してもらえるこ

とも少なくありません。

　鼻呼吸の誘発方法については、まず鼻が通っているかどうかを、図8-16のように口を閉じて、鼻にティッシュペーパーなどを当てることで調べることができます。鼻が通っていることが確認できたら、下顎を押さえながら口唇を閉じてみましょう。この口唇を閉じた状態を少しずつ長くしていきます。この方法は、脱感作と同様な方法な

図8-16　鼻呼吸

ので、二つの目標を一緒に行ってもかまいませんが、子どもが嫌がる場合には、鼻呼吸ができていないのか、過敏の影響なのかをきちんと把握し、それぞれに応じた指導をしていく必要があります。

（3）バンゲード法

　口腔器官の動きが難しい子どもや指示が通らない子どもの場合には、教師が子どもの口唇や舌に直接刺激を与えることが必要になってきます。このような方法で最も有名な方法はバンゲード法だと思います。この方法は、1日2〜3回、口唇、頰、舌の部位に対して、縮める、伸ばすなどの刺激を与えることで、口腔器官の機能を高めていく方法になります。訓練の注意点としては、過敏が残っていて嫌がる子どもの場合には、脱感作で過敏が見られなくなってから実施する方がいいと思います。一般的には、口唇訓練、頰訓練、舌訓練の順に実施していきますが、子どもの実態により、必要な部位の訓練だけでもかまいません。口唇訓練はア〜オの順で行います。子どもに実施する前に、自分の体で実際に行い、力加減を確認してください。皮膚だけをつまんで、赤くなったり、子どもが痛がったりする場合には、効果は期待できません。

①　口唇訓練

ア　上唇と下唇をそれぞれ3等分（小さい子どもの場合は2等分）して、親指と人差し指で2〜3秒間つまみます（写真8-8）。この時、厚めにつまむようにしてください。

イ　上唇と下唇をそれぞれ2等分し、唇と歯肉の間に人差し指を入れ、口の外から親指で軽くはさむようにして、外側に膨らませます（写真

厚めにつまむ

写真8-8
口唇をつまむ

はさむようにして膨らます

写真8-9
口唇を膨らませる

8-9）。この場合は、上唇、下唇とも左右で2か所になります。唇の真ん中には、小帯という部位があるので、傷つけないように注意してください。

ウ　人差し指を子どもの上唇に当て、唇が歯肉から離れないように、鼻の方へ押し上げ

ます。下唇の場合には、同様に、唇が歯肉から離れないように、下顎の方へ押し下げます。唇を2等分にするか、3等分にするかは、子どもの口の大きさに合わせて、柔軟に対応します。この時に、口唇がめくれないように気を付けましょう（写真8-10、8-11）。

写真 8-10
口唇を縮める（上唇）

写真 8-11
口唇を縮める（下唇）

エ 人差し指を子どもの上唇にあて、歯に向かって少し押さえながら、ゆっくりと下に引き伸ばします。下唇も同様に、歯に向かって少し押さえながら、ゆっくりと上に向かって引き伸ばします。この場合も、唇を2等分にするか3等分にするかは、子どもの口の大きさで決めてください（写真8-12、8-13）。

写真 8-12
口唇を伸ばす（上唇）

写真 8-13
口唇を伸ばす（下唇）

オ 写真8-14のように、下顎を軽く20〜30回たたきます。

② 頬訓練

・膨らませる

口を閉じた状態で、口唇の間から、人差し指を挿入し、左右の頬の中央部をゆっくりと、人差し指（または中指）と親指で挟みながら、膨らませるようにマッサージしていきます（写真8-15）。

③ 舌訓練

ア 口外法

写真8-16のように、下顎の喉の方の骨がなくなり柔らかくなる部位を10回ほど、人差し指か中指でまっすぐ上にゆっくり押し上げます。この時、子どもの顔は、やや下向きが適切です。自分の体で実際に行い、力の加減や場所を確認してください。

写真 8-14 下顎をたたく

はさみながら膨らませる

写真 8-15 頬訓練

写真 8-16
舌訓練（口外法）

イ　口内法

　舌先をスプーンのボール部、または使い捨ての舌圧子を用い、押し込んでいきます。また、舌の側方に同じように当て、反対側に押し込みます。この口内法と同じような方法として、ベロタッチ体操があります。

④　ガムラビング（歯肉マッサージ）

　口腔内の感覚を高めるために行い、咬反射の抑制に特に効果があります。写真8-17のように、歯肉を上下左右に分け、前歯の方から奥歯の方へ、人差し指の腹で素早くこすります。この時、前から奥にはこすりますが、逆へはこすりません。各部位、10回ぐらいを目安にします。

写真8-17　ガムラビング

8　捕食・咀嚼の練習（「自立活動の時間における指導」での直接訓練）

（1）捕食の練習

　オーラルコントロールを給食時間中ずっと行うことは、時間の関係や子どもの心理的な負担などから、難しい場合もあると思います。そこで、「自立活動の時間における指導」を活用し、食物を使って直接訓練を行うことを試みてみましょう。給食時間の指導との違いは、子どもが空腹な時間を見計らい、子どもの好きな食物や食形態を活用できるメリットがあります。

　最初に捕食について述べていきます。

　捕食は、食物の硬さや大きさなどを認識することで、口腔の次の動きを引き出しています。そのため、正しい捕食の動きが見られない場合には、摂食・嚥下の動き全体に影響を与えている可能性があります。この動作は、子どもが自発的に口唇を下ろしてくる動きなので、指導の基本は子どもにその動作が見られるまで、待つ姿勢が大切です。唇を下ろしてくる子どもの場合には、平らなスプーンに食物（子どもが好きな味でペースト食、プリンやヨーグルトでも良い）をのせ、口腔内へ挿入し、上唇が下りてくるまで待ち、下りてきたらスプーンをゆっくり水平に引き抜きましょう。その繰り返しで、捕食の能力は確実に向上していきます。動きが全く見られない場合には、下顎を固定しながら、少し頭部を前傾にして介助してみてください。それでも上唇が下りてこない場合には、オーラルコントロールの側方からの介助で上唇を下ろし、唇ではさんだスプーンを水平にゆっくり引き抜いていきます。捕食の動きを促すには、直接訓練だけでなく、バンゲード法の口唇訓練も併用しながらやっていくと効果が出やすいと思います。しかし、子どもによっては、上唇を使っていないため、硬くなっていてなかなか食物を捉えることが難しい場合も少なくありません。その場合には、液体を吸うストローの練習を試みてみましょう。この場合には、最初、舌の吸啜様の動きを活用することになります。

これについては賛否両論ですが、口唇が全く使えない状態よりも、少しでも上唇を活用することを経験させた方が得策だと思います。ストローを口腔内へ挿入してみてください。危険なのであまり奥へは入れないように注意しながら、様子を見てみましょう。吸啜様の動きが出てきたら、口唇閉鎖を促しながら、上唇を使う動きを引き出します（P166を参照）。また、嚥下機能にあまり問題のない子どもの場合には、図8-17の

図8-17　麺の取り込み

ように、麺類を意図的に一部口の外に残しながら、口の内に入れてあげましょう。麺類の取り込み動作が捕食の動きにつながります。

（2）咀嚼の練習[4]

　咀嚼を行うには、口腔内に入った食物を舌で奥歯へ運ぶ動きが必要です。そのため、舌の側方への動きが出ている場合と出ていない場合に分けて指導は行います。

　最初に舌の側方への動きがあるかどうかを調べないといけません。この場合、スナック菓子（エビセンなど）の受け入れが危なくない場合には、小さくしたスナック菓子を口に入れてみてください（奥には入れないこと）。もし噛む音が聞こえたら、舌の側方の動きが出ているということです。また、噛んでいる側の口角（口のわき）が引かれるので咀嚼を確認できます。もしも、口の中への受け入れが難しい場合には、写真8-18のように、奥歯にエビセンを置きながら、舌の動きを観察します。この時に、舌先の側方への動きが見られたら、側方への動きを持っていると考えて良いと思います。このような方法で、舌の側方への動きがあるかないかを確認していきます。

写真8-18　舌の側方への動き[4]

①　舌の側方への動きが見られない場合

　上記のような方法で、舌の側方への動きが見られない場合には、スナック菓子を持って奥歯にのせ、噛む練習を行う必要があります。安全性の面から、噛んだ後にすぐふやけるスナック菓子の先端部をほんの少しだけ、噛めるように入れてください（図8-18）。ただし、スナック菓子の場合には、噛んだものが粉状になってしまい、嫌がる子どももいます。もし、嫌がるような

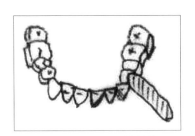

図8-18　咀嚼の練習[10]

様子が感じられたら、粉状にしたスナック菓子をスプーンで挿入し、確認してみましょう。このような食感に拒否の強い子どもの場合には、少し牛乳やヨーグルトで柔らかくしたスナック菓子を活用します。それでも嫌がるようなら、違う食材に変えた方が良い

でしょう。また、写真 8-19 のようにくだものの切片（リンゴ、ミカン、イチゴなど）をお茶パックに包み、奥歯で噛ませる場合もあります。お茶パックはガーゼと違い、くだものを入れやすく、使い捨てなので、衛生的で活用しやすいと思います。このくだものを入れたお茶パックを噛むことで、果汁が出て、口の中に広がり、咀嚼運動の誘発へとつながります。

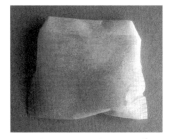

写真 8-19　お茶パック[4]

② 舌の側方への動きがある場合

　舌の側方への動きがある場合には、口の前からスナック菓子を入れてください。前歯は最も感覚の鋭い部位となります。前歯で噛むことで食物の硬さなどの特性を理解し、舌の側方運動で奥歯に運ぶことにつながっていきます。段々と舌の動きがスムーズになってきたら、ビスケットやウエハースなど、食物の大きさや固さを変えながら、いろいろなものを体験させてみましょう。その場合には、口の中に大きなかけらが残らないように気を付けてください。舌の側方の動きが安定してきたら、舌の中央部に噛んだものをまとめる食塊形成の力を付けていきます。方法としては、前歯や奥歯で噛み、食材がばらけたことを認識させることで、食塊形成を促します。食塊形成には口唇閉鎖が影響するため、オーラルコントロールにより、必ず口唇閉鎖を行ってください。また、前歯で、弾性のあるものを噛み切るには、舌の側方運動と繰り返し噛む動作が身に付いてからでないと、丸飲みになる可能性があるので気を付けましょう。

（3）水分摂取の介助

　水分摂取が難しいことは、現場の先生方は痛感されていると思います。なぜ、水分の摂取は難しいのでしょうか。水分の場合には、喉までの移動スピードが速く、形態がまとまっていません。このことが大きな理由になります。そのため、とろみがついていない水分を摂取させるには、摂食・嚥下機能が向上してから行う方が安心です。

① 水分補給

　水分補給の場合には、可能であれば経管栄養で行うことが最も安全なのですが、水分補給に困っているのは、経管栄養をできないからだと思います。その場合には、まず家庭でどのようにして、水分を補給しているのかを確認してみましょう。哺乳瓶の活用なども考えられます。また、とろみ調整剤を加えた水分をスプーンで食べさせることも一つの方法です。スプーンでなくても、注射器やスポイトなどでもかまいません。口唇閉鎖の観点からは、むしろ注射器やスポイトの方が簡単です。注射器やスポイトを活用する場合には、写真 8-20 のように、最初から口唇閉鎖をしておいて、口角から注射器を挿入し、水分

写真 8-20　水分補給（注射器）

を入れていきます。この方法の場合には、水分量が正確に測れる利点があります。注意点として、水分にとろみ調整剤を加える場合には、調整剤の種類により、すぐには粘性が上がらないことがあり、その場合には、調整剤を必要以上に加えることのないようにしてください。粘性を高くし過ぎると、嚥下時に喉に残り、嚥下後の誤嚥を引き起こす危険性があります。とろみ調整剤をどの程度加えると、どのくらいの粘性になるのかを事前に調べておくか、または、前もってとろみ付きの水分を作っておく方が安全です。また、経口補水液であるOS1ゼリータイプ（大塚製薬）などを使うことも、経費がかかりますが、対応策の一つになります。このような方法で、子どもに必要な水分を補給していきます。

② 水分摂取

　しかし、水分補給だけを行っていたのでは、水分摂取は上手にはなりません。そのため、水分摂取については、別に練習することが必要です。水分摂取の練習方法としては、最初、写真8-21のように、少しとろみのついた液体をスプーンを用い、一口飲みから始めます。先述したOS1ゼリータイプでもかまいませんが、この時は、水分摂取の練習なので、子どもが最も好きな味の液体にしてあげましょう。また、水分摂取時のスプーンは横向きで使います。側方か後方から下顎を固定し、スプーンを下唇にのせ、上唇を下ろしていきながら水面に触れるようにしていきます。その後、

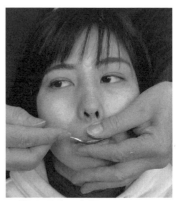

下顎を固定し上唇を下ろす
写真 8-21　水分摂取の練習

スプーンを傾けて水分を入れていき、吸えるようになったら、少しずつスプーンを傾けることをやめていきます。次第に子どもの上唇を使った自発的な取り込みが出てくると思います。子どもの状態を見ながら、大きなスプーンやレンゲへ移行していきましょう。このような流れが一般的です。

　しかし、なかなか上唇を下ろして吸ってこない子どもも多いのではないでしょうか。この場合にはストローの活用を試みてみましょう。通常は、スプーンやコップで飲める

ようになってから、ストローへ移行しますが、ストローからの導入でもかまいません。学校では、牛乳が好きな子どもの場合には、紙パックの牛乳に軟らかいストロー（写真8-22）を挿入し、写真8-23のように、少し紙パックを押して、口腔内に牛乳を入れてあ

写真 8-22
チューブ（エアポンプ）

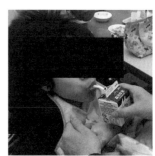

写真 8-23
牛乳の飲む様子

げましょう。牛乳は水と比較し粘性があるために水より
飲みやすいはずです。また、好きな子どもには動機づけ
になり、体にも良いなどの利点があります。

　ストローの基本は、図8-19のように唇ではさみ、歯
でくわえて飲むことはありません。しかし、口唇閉鎖の
難しい子どもの場合には、適切なストローの使い方は難
しいので、ストローを少し口の奥に入れる方法を活用し

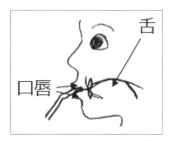

図8-19　ストローの位置[11]

ます。この場合、安全に飲めていれ
ば問題ありません。まずは、自分自
身で液体を摂取できる体験が必要で
す。特に、ストローを使えるように
なると、生活には大きな利点があり
ます。使えるようになってから、少
しずつストローを口腔内から抜いて
いきましょう。その他、ストローボ
トル（写真8-24）やラクレコップ（写
真8-25）などは、押すことで液体が
出てくるので便利です。子どもがス
トローでかなり上手に吸えるように
なったら、シェイクなどの大きなス
トローを使う飲み物などに挑戦して
みるとよいかもしれません。次に、
一口飲みが上手になったらコップへ
移行していきます。コップは、写真
8-26のように水の位置が分かりやす

写真8-24
ストローボトル

写真8-25
ラクレコップ

写真8-26
カットアウトコップ

写真8-27
形を変えられるコップ

く透明で、一部を切ったものが使いやすくよく
活用されています。また、写真8-27のように
形を変えられるコップが100円ショップには
売っています。このコップは、たためるため場
所をとりません。そのため携帯しやすく、また
底が小さくなっているために、図8-20から分
かるように、水が一度に喉に流れないので安全
で、しかも柔らかい素材ということもあり、子
どもの口形にコップの形を合わせることが可能
になります。

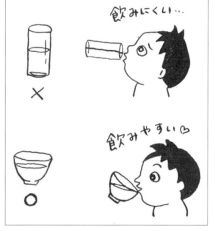

図8-20　飲みやすいコップの形状[10]

③ 水分補給と水分摂取の練習の違い

最後に、水分補給と水分摂取の練習との違いを述べておきます。

学校現場では、水分補給と水分摂取の練習とが混同されていることがよくあります。しかし、水分補給と水分摂取の練習は、目的が違うので方法も違ってきます。表8-6のように、水分補給は、子どもが一日に必要な水分量を補給するために行います。そのため、補給する方法は、誤嚥しない安全な方法であればどのような方法でもかまいません。一方、水分摂取の練習は、あくまでも練習であり、水分摂取能力を高めるために行うことになります。そのため、なるべく水分を使いながら、正しい方法で教えることが必要です。

表8-6　水分補給と水分摂取の練習の違い

	水分補給	水分摂取の練習
目的	子どもが必要とする水分量の補給	水分を上手に摂取できるようになるための練習
水分の形態	とろみをつけた半固形食（経管栄養の場合を除く）	最終的にはとろみなしの液体
方法	半固形食をスプーンや注射器、スポイトなどを活用しての補給 経管栄養が一番安全	スプーン、レンゲ、コップ、ストローなどを活用しての摂取

④ 嚥下の促進の方法

子どもの中には、口の中に食物をため込み、なかなか嚥下しない子どもも見られると思います。このような子どもには、嚥下を促す訓練を行いましょう。よく実施される方法が、子どもが好きなキャンディーなどを細かく砕き、水に溶かして薄くし、子どもの下唇の内側に貼り付ける方法です。しばらくすると、キャンディーの味が口の中に広がることで、唾液が分泌され始め、その唾液を子どもが嚥下できるように口唇閉鎖を行いながら嚥下を促していきます。同様に、食べ物を使わずに、歯肉マッサージで出てきた唾液を子どもに嚥下させる方法もあります。このとき
に行われる歯肉マッサージは、咬反射を止めるために
実施するガムラビング（P163参照）でかまいません。
また、直接訓練の場合には、子どもの好きな味でヨーグルト状のものを活用すると、嚥下の動きが引き出せるかもしれません。このような方法を活用しながら、嚥下する習慣をつけていきます。もしも、普段の給食において、嚥下の動きが見られない場合には、写真8-28のように、喉仏の外側を親指と人差し指で、下から上に向かって5～6回さすってみてください。嚥下

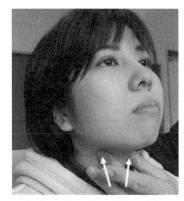

写真8-28　嚥下促進の方法

が誘発される場合もあります。また、嚥下してこない理由としては、食形態が子どもに適切でない場合もあるので、もう一度食形態を見直すことも必要かもしれません。さらに、きちんと嚥下ができているかどうかを確認する場合には、嚥下後の舌の上に、食物が残っていないかを確認してみましょう。もし、舌の上に食物が残っている場合には、嚥下後でも、喉などに食物が残っている可能性があると考えた方がいいでしょう。その場合には、食形態を合わせていくか、交互嚥下（微量の液体やゼリー状のものを嚥下することで、喉に残った食物を一緒

写真 8-29
化粧水入れ

に飲み込む方法：液体の量が多いと危険なため、写真 8-29 のような化粧水入れを活用し、お茶や水を口の中に噴霧する）も取り入れる必要があります。

9 自食

　今までは、介助を中心とした摂食・嚥下指導について述べてきましたが、ここからは、食事の自立を考えた自食について説明します。重度重複障害児では、安心安全な摂食指導が最も重要になります。そして、自分で食べられる子どもが非常に少ないことなどもあり、自食のための摂食指導についてはあまり注目されていないような気がします。しかし、可能な子どもでは、自食は自立のためにかなり重要な内容になるうえ、手指の巧緻性や目と手の協応動作を向上させます。好きなものを自分で食べることができるようになれば、かなり魅力ある学習内容になることは間違いありません。

　気を付けなければならないことは、介助が必要な子どもと比較して、自食の可能性がある子どもでは、食事中の事故についてあまり想定していないかもしれません。しかし、特別支援学校の知的障害児や小学生でも、食事の危険性があることを考えると、もちろん、自食を狙う子どもにも危険はつきものです。このことは忘れないようにしてください。

（1）自食への移行の考え方

　さて、自食する場合と介助されて食べる場合の大きな違いはどのようなことが挙げられるでしょうか。もちろん、口腔における摂食・嚥下の機能は、両者とも必要不可欠です。違いとして、自食の場合には、スプーンなどを操作できる手指や上肢の動きが必要になってきます。当然、上肢を活用する場合には、そのための安定した姿勢が重要です。このようなことから、自食のハードルは決して低くはありません。しかし、子どもの中には、指しゃぶりやおもちゃをなめたりする、また食べることを嫌がってスプーンを払いのける、逆にクレーン現象のように、教師の手を握りスプーンを口に入れようとするなどの様子が見られることがあります。もし見られたら、このような子どもでは、一度

は自食ができないか試してみることが必要かもしれません。発達的には、手づかみ食べから入るのが適切です。しかし、手づかみ食べから入った子どもの場合には、なかなかスプーンなどの食具活用への移行が難しい場合も見られます。もちろん、知的レベルや年齢、子どもの特性などを考慮に入れる必要があるとは思います。最初は、子どもにスプーンを持つ習慣をつけることから始めてみましょう。それとともに、子どもを垂直位の方向へ起こしていきながら、手にスプーンを持たせて一緒に口に運ぶ活動を行います。もし、上手にスプーンを口に運べるようになったら、さらに姿勢を後傾から垂直に近い状態へ移行してください。垂直にならない座位保持椅子の場合には、車椅子などに乗り換え、図8-21のようなカットアウトテーブルや足台を活用し、垂直に近い姿勢で、子どもに自食をさせてみましょう。どのくらい

図 8-21
カットアウトテーブルの活用[4]

体が崩れるのか、クッションやタオル、テーブルなどで補助できないか確かめてみましょう。もちろん、食事中ずっと自食しているわけではありません。最初の10分ぐらいにとどめるとか、姿勢が崩れ始めたら、座位保持椅子に移行し、介助してもらいながら食べるとか、そういう流れになると思います。体が崩れるということは、体に負担をかけているということなので、体幹や頭部の安定性がついてから自食へという考え方が一般的だと思います。一方、自食のために、上肢を使いながら体幹や頭部の安定性を身に付けていくという考えもないことはありません。どちらを選択するかは、子どもの体の状態によって違ってくるので、保護者や主治医、セラピストと相談してみてください。

　ここからは、通常の椅子やカットアウトテーブルを活用した自食の進め方について述べていきます。

（2）自食支援のポイント

① 骨盤が前にずれる

　椅子の座面には、カーショップなどで売っている滑り止めを敷きます。次に、足底がきちんと床に設置するように、座面の高さの調整や足台を活用していきます。また、カットアウトテーブルを通常より高く設定することで、体の前面を保持することも可能になります（図8-21）。さらに、写真8-30のような携帯用の内転防止パット（レインボーシート）は骨盤のずれを防ぐには効果的な姿勢補助具になります。

写真 8-30　内転防止パッド

②　体が斜めになる

体幹と椅子の隙間にクッションやタオルを入れて調整します。

③　上肢の活用がうまくいかない

上肢の操作に適したテーブルの高さは、肘の高さになります。この高さにすることで、肘を支点に上肢を動かすことがスムーズになります。それでも、上肢が引き込

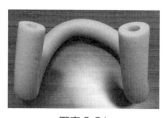

写真8-31
自遊自在のクッション

まれる子どもの場合には、写真8-31のように子どもに合わせたU字型の肘受け付きクッション（自遊自在で作製できる）や肘が引かれないように、机に肘受け（図8-22）をつける場合もあります。また、図8-23のように、肘だけを高くして、食器の上端と肘を同じ高さにすると食物はすくいやすくなり、さらに、図8-24のように、食器が動かないような固定マットを作ると、食器が安定し、食べやすくなる場合もあ

図8-22　肘受け[12]

図8-23　肘の高さ[12]

図8-24　固定マット

写真8-32　特殊皿

ります。また、同じような働きとして、写真8-32のような皿の底に吸盤のついた特殊皿（EDISON^{mama}）の活用も考えてもいいかもしれません。

④　手指が麻痺などで上手に動かない

上肢や手指の麻痺は、いろいろな自助具（身の回りの動作がより簡単に自分でできるように工夫された道具）を活用し、補っていきましょう。これらの自助具は目的により、活用するものを変えていく必要があります。例えば、写真8-33の特殊箸1は、ご飯などの小さな食べ物をはさむにはとても機能的に優れていて、失敗しない箸ですが、通常の箸への移行にはあまり適しません。というのは、この箸を使っている時の指の動きと、通常の箸を活用するときの指の動きは少し異なるからです。もし、通常の箸への移行を考えている場合には、写真8-34

写真8-33　特殊箸1

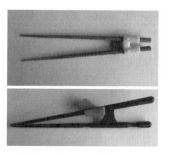

写真8-34　特殊箸2・3

171

写真 8-35　特殊スプーン

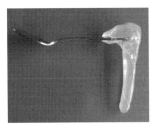
写真 8-36　Ｔ字スプーン

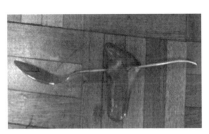
写真 8-37　ピストル型スプーン

　の特殊箸２や３のような箸も併用しながら、通常の箸の活用に慣れていく方が、移行は
スムーズだと思います。また、スプーンは、手首の可動域が狭い場合には、写真 8-35
のような、柄を自由に曲げられるスプーンを試してみても良いかもしれません。手が回
内握りの場合には、最初は太いグリップが使いやすいと思います。回内握りが安定して
きたら、写真 8-36 のようなＴ字スプーンへ移行してみましょう。この握りは、回内握
りと三指握りの中間に位置します。三指握りに抵抗がある場合には、このＴ字スプーン
で練習することも一つの方法だと思います。一方、回外への動きが可能な場合には、三
指握りへ移行するために、写真 8-37 のようにスプーンにピストル型の取っ手を付けた
ものを活用してみましょう。このピストル型やＴ字スプーンの取っ手を作る場合には、
100 円ショップで売っている「おゆまる」（写真 8-38）やネットで買える「インフィネ
イト」（写真 8-39）を活用すると簡単にできます。どちらも、約 60℃以上のお湯で色々
な形に成形でき、そのまま置いておくと固まります。また、握りが弱い、手に震えがあ
る子どもの場合には写真 8-40 のようなカフでスプーンを固定するといいでしょう。

写真 8-38
おゆまる

写真 8-39
インフィネイト

写真 8-40
カフ付きスプーン

（３）スプーンの握り方
　スプーンの握り方は、手づかみ食べから、手掌回内握り、手指回内握り、静的三指握
り、動的三指握りへと発達していきます。詳しくは、表 8-7 を参照してください。

表8-7　スプーンの握り方の発達[13]

	手掌回内握り	手指回内握り	静的三指握り	動的三指握り
動きの特徴	手とスプーンは一緒に動く。そのため、手首の動きは見られない。肩と肘の動きですくう。	手掌回内握りから親指と人差し指が伸びる。前腕と手首ですくう。	手首が返り、鉛筆を持つような握りになる。しかし、指ではなくまだ手首ですくう。	手首の動きとともに指の動きが出てくるため、すくう量の調節がうまくいく。
写真				

⑩ 口腔ケア

（1）口腔ケアの目的

　口腔ケアは、近年はかなり注目され始めてきたようです。以前は、「この子は、経管栄養だから、あまり歯磨きをしていません」とか、「経管栄養の子どもに、歯磨きは必要ですか」などの声を聞くことがありました。しかし、図8-25から分かるように誤嚥性肺炎の原因は、食事中の誤嚥だけではありません。唾液中の

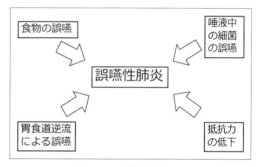

図8-25　誤嚥性肺炎の原因
文献14）のP146を筆者が一部改変

細菌の誤嚥、抵抗力の低下、胃食道逆流などの原因でも起こります。その中で、唾液中の細菌の誤嚥の場合には、口腔ケアをしっかり行い、肺炎を起こす細菌を減らすことができれば、誤嚥性肺炎になるリスクを減らすことが可能です。また、誤嚥防止手術として、喉頭気管分離術を行っている場合でも、口腔ケアは実施してください。これは、唾液や食物残渣による鼻炎や副鼻腔炎、中耳炎などの発症を防止する目的もあります。このように口から食物を取っている場合はもちろん、経管栄養の場合でも口腔ケアを実施することが必要になります。

　それでは、口腔ケアの目的を示します。

・歯垢や食物残渣を取り除くことで、口腔内環境を清潔にする

・口腔内細菌の増殖を抑える

・口臭などを予防する

・口唇や口腔内の乾燥を改善する

・歯肉への機械的な刺激により、血液の循環をよくする

・唾液の分泌を促し自浄作用を高める

・口唇や歯肉などに感覚を入れることで、味覚や触覚などの感覚機能を向上させる

・機械的な刺激により、口腔内の機能の維持向上を図る

　これらをまとめると、表8-8のようになります。これらの内容は、複雑に絡み合って誤嚥性肺炎の防止に関与してきます。

　経管栄養の子どもが、口腔ケアを実施しない場合は、口を動かす機会が少なくなり、唾液腺への刺激が減ることで、唾液の分泌が減少します。そのため、唾液による自浄作用が少なくなり、細菌が増殖します。また、口腔内への刺激が少ないことで、舌などの口腔器官の動きも後退し、唾液の誤嚥も増えていくでしょう。つまり、唾液と一緒に増加した細菌を誤嚥することで、誤嚥性肺炎を発症することにつながります。一方、口腔ケアを行うことは、経管栄養の子どもの口腔内を刺激し、唾液の分泌を促します。分泌された唾液は口腔内の細菌の増殖を抑え、多少の誤嚥では、細菌が少ないため誤嚥性肺炎は発症しない可能性が出てきます。また、口腔ケアによる口腔器官への刺激が、嚥下能力を維持し、唾液の誤嚥も少なくなるでしょう。このような好循環を生むと考えられます。

表8-8　口腔ケアの目的

・口腔内の清潔や保湿
・細菌の増殖抑制
・口臭防止
・口腔内の乾燥防止
・血液循環の促進
・唾液分泌の促進
・味覚・触覚などの感覚機能の向上
・口腔機能の維持向上

表8-9　唾液の役割

・消化を助ける
・食塊を形成する
・嚥下しやすくする
・自浄作用
・抗菌作用
・味覚を感じる
・口腔内の粘膜保護作用
・再石灰化作用
・PH調整によりむし歯を防ぐ

　私たちは、口腔ケアというと、むし歯や歯周病、口内炎、口臭の予防を考えがちですが、重度重複障害児の場合は、誤嚥性肺炎の予防、口腔機能の維持向上などの目的が大きくなります。定期的な口腔ケアは、健康維持につながり、子どものQOLを向上させていきます。

　唾液は嚥下障害のある子どもの誤嚥を引き起こす原因になると考えられがちですが、表8-9のような役割があり、口腔環境を健全に保つためには欠かせないものです。

　抗てんかん薬の種類によっては、唾液を減少させたり、歯肉を増殖させたりするものもあるので、対象となる薬を服用している子どもは、口腔ケアに特に注意してください。

（2）口腔ケアのタイミング

　口腔ケアはいつ行うと効果的なのでしょうか。経口摂取の子どもの場合には、食後3回と就寝前が効果的なことは分かりますが、食事をしない経管栄養の子どもの場合ではどうなのでしょうか。経管栄養の子どもの場合でも、口腔の動きが少なく、唾液の減少

が見られるので、少なくとも1日数回は口腔ケアが必要とされています。タイミングとしては、注入前に行う方が、唾液分泌が促進され、体が食事を受け入れる準備をするために効果が期待できるといわれています。また、注入後の口腔ケアが胃食道逆流の引き金になることもあり、その点からも注入前が適切だと思います。また、睡眠中には、唾液が減少するために細菌が増殖し、おまけに覚醒が低いことで誤嚥も生じやすくなります。そのため、就寝前の口腔ケアは必須です。

（3）口腔ケアの実際

口腔ケアを行う場合も、摂食指導と同様に、子どもも教師も、楽な姿勢になることが大切です。姿勢としては子どもを寝かせた場合には図8-26、座位保持椅子の場合には、図8-27のようになると思います。教師は、子どもの口腔内がよ

図8-26
口腔ケアの姿勢（寝かせ）[8]

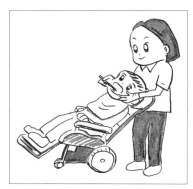

図8-27
口腔ケアの姿勢（車椅子）[8]

く見え、みがきやすく楽な姿勢であればどのような姿勢でもかまいません。また、誤嚥の心配がある子どもの場合には、頭部を前屈させたり、仰臥位でなく側臥位で行ったりする方が安全です。一般的な歯ブラシでなく、写真8-41のような吸引チューブ付き歯

ブラシを使う場合もあります。また、歯ブラシの代わりに、写真8-42のようなスポンジブラシを用いる場合には、スポンジブラシを水や薬液（イソジンガーグルなど）に浸した後、しっかりと絞った状態で実施します。清掃は感覚の鈍い奥から手前の方へ

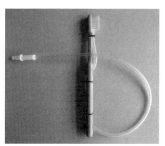

写真8-41
吸引器チューブ付き歯ブラシ

写真8-42
スポンジブラシ

行っていきます。スポンジブラシでは回しながら、汚れを取っていきましょう。

また、子どもに終わりの見通しを持たせるために、数を数えながらその間だけみがくことや、歌の決まったフレーズだけみがくなどの工夫があると、子どもも見通しが持て、受け入れもよくなります。

具体的な手順は以下のようになります。

ア　口腔ケアをやりやすい姿勢になります

イ　手袋をはめます

ウ　これからみがくことを声掛けで知らせます

エ　口腔内が乾燥した状態の場合には、口腔内全体を湿らせます

オ　指の腹で口唇や頬を広げ、歯ブラシが操作しやすいように、十分なスペースを確保します。このとき、開口を保持するために開口器具を活用する場合もあります

カ　少し小さめの歯ブラシを用いて丁寧にみがいていきます

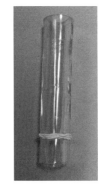

　みがく順序は、奥歯から始め、過敏が強い前歯は最後にみがくことが一般的です。また、みがき残しをなくし、子どもが終わりの見通しを持ちやすくするために、歯みがきの順序は決めていた方が良いと思います。

　最後に、開口器具について説明しましょう。開口器具として、割り箸などにガーゼを巻いて使う場合がありますが、ガーゼの場合にはすぐ汚れてしまうので、写真8-43のように、厚さ2ミリ程度のビニールを輪ゴムで固定したものの方が、すぐに洗え、厚みも変えられるので便利です。子どもには奥歯で噛んでもらいましょう。前歯の場合には、歯が破損することがあるので気を付けてください。

写真8-43　開口器具

（4）重度重複障害児に見られる口腔内の問題点とその対応

・むし歯

　　原因・・・ペースト食やとろみ調整剤の使用、また摂食・嚥下力の弱さにより、口腔内に食物が残っている場合が多く、むし歯が発生します。また胃食道逆流により、胃酸で歯が溶けてしまうこともあります。

　　対応・・・小まめな歯みがき、フッ化物配合製品等の活用、ガーゼや口腔ケアティッシュでの清拭

・歯列不正

　　原因・・・口腔周囲の筋肉の過緊張や未発達のため、口唇と舌のバランスが悪くなり歯列不正が生じます。

　　対応・・・みがき残しが多くなります。歯並びの悪い箇所は1本ずつみがく必要があります。また、前歯が噛み合わず口が閉じない場合には、口腔が乾燥しやすくなるので、写真8-44のような保湿剤の使用も検討することが必要です。

写真8-44　保湿剤

・歯肉肥大

　　原因・・・抗てんかん薬使用の副作用で歯肉が肥大す

ることがあります。

対応・・・ひどい場合には、保護者や主治医に相談しましょう。口腔内が汚れていると、歯肉が炎症を起こしやすくなるので、口腔内を清潔に保つことが重要です。

・口腔内乾燥

原因・・・口呼吸、歯列不正の開咬（P150 参照）、薬の副作用などにより、口腔内乾燥が起こりやすくなります。これにより唾液が減少すると、細菌数が増え、誤嚥性肺炎やむし歯のリスクが高くなります。

対応・・・口腔内の乾燥には、保湿剤の使用、また、室内の加湿でも違ってきます。さらに、小まめな口腔ケアの刺激により唾液分泌を促すことも重要です。

・高口蓋（P150 参照）

原因・・・高口蓋は、障害の重い子どもの場合にはよく見られます。担当の子どもの口蓋を注意して見てください。高口蓋の原因としては、舌が口蓋と強く接することがなく、口蓋を広げる力がたりないためといわれています。高口蓋になると、舌が口蓋に届かず、摂食・嚥下に影響を与えます。

対応・・・摂食に関しては、歯科医院で、写真 8-6（P159 参照）のような舌接触補助床を作ってもらうとかなり有効です。また、高口蓋の部位は 360 度歯ブラシやスポンジブラシで清掃し、食物残渣をとっていきましょう。

・舌苔の付着

原因・・・舌の動きが少ない場合や口腔内の乾燥によって、舌の上に汚れが付着し、舌に白い舌苔ができることがあります。舌苔は口臭や誤嚥性肺炎の原因になります。

対応・・・保湿剤をつけて、歯ブラシや舌ブラシ、スポンジブラシなどで軽くこすって落としていきます。

引用・参考文献

1）田村正徳 監，梶原厚子 編：在宅医療が必要な子どものための図解ケアテキストＱ＆Ａ．メディカ出版，2017.
2）田角　勝，向井美惠 編：小児の摂食・嚥下リハビリテーション．医歯薬出版，2006.
3）日本小児神経学会社会活動委員会，松石豊次郎，北住映二，杉本健郎 編：医療的ケア研修テキスト．クリエイツかもがわ，2006.
4）尾本和彦，小沢　浩 編：小児の摂食嚥下障害と食事支援．医歯薬出版，2019.
5）倉田慶子，樋口和郎，麻生幸三郎 編：ケアの基本がわかる重症心身障害児の看護．へるす出版，2016.
6）鈴木康之，舟橋満寿子 編：新生児医療から療育支援へ―すべてのいのちを育むために―．インターメディカ，2019.
7）北住映二，尾本和彦，藤島一郎 編：子どもの摂食・嚥下障害―その理解と援助の実際―．永井書店，2007.
8）鈴木康之，舟橋満寿子 監，八代博子 編：写真で分かる重要心身障害児（者）のケアアドバンス．インターメディカ，2017.
9）障害児の「健康・安全マニュアル」編集員会 編：障害児の「健康・安全マニュアル」―平成 15 年度報告書―．日本肢体不自由児協会，2004.
10）金子芳洋 監，尾本和彦 編：障害児者の摂食・嚥下・呼吸リハビリテーション―その基礎と実践―．医歯薬出版，2005.

11）田角　勝：トータルケアで進める子どもの摂食嚥下サポートガイド．診断と治療社，2019．

12）佐々木清子：子どもに合わせた食事の姿勢の工夫．日本肢体不自由児協会　編：摂食障害―指導援助の実際―．30-46，2010．

13）松元泰英：目からウロコの重度重複障害児教育．ジアース教育新社，2018．

14）日本小児神経学会社会活動委員会，北住映二，杉本健郎　編：新版　医療的ケア研修テキスト．クリエイツかもがわ，2012．

著者紹介

隙だらけの先生を目指して

　私は35歳の時から、養護学校（現：特別支援学校）で働き始めました。それまでは、中学校の理科の教員でした。私自身、教科時数などの理由もあり特殊学級（現：特別支援学級）の担任をさせてもらったのですが、そのうちに、生活を中心に教えるスタイルに興味関心が湧き、次の転勤では養護学校を希望するかどうか迷っていました。しかし、当時、養護学校は一般にはあまり知られていない学校で、転勤希望を出すには、かなり勇気が必要でした。そんなとき、県の研修として、夏季休業期間中に、養護学校に隣接する施設を訪問する機会に恵まれました。1グループ10名程度の教員を、養護学校の先生が隣接する施設に案内しながら色々と説明してくださる研修です。

　当時は、まだ中学校は荒れた学校が多く、校内暴力や喫煙、飲酒などは日常的に行われていた時代です。つまり、教師 VS. 生徒の構造が完全にできていた時代です。そんな中、これから施設にいる生徒に会いに行く先生は、なぜか満面の笑みを浮かべて楽しそうにしているのです。この時代、中学校では、生徒指導の先生から、「生徒に隙を見せてはいけない」「なめられたら、おしまい」などと言われていたのですが、この先生は、まさに隙だらけです。「この先生のこの笑顔は一体何だ」「まさに隙だらけだ」と不安を抱きながら、その先生について施設へ行きました。施設に入ると、なんと、寝たきりの子どもたちが、寝返りや肘這いでその先生に寄ってくるのです。その子たちに、その隙だらけの先生は「○○さん、元気だった」などとこれ以上ない笑顔で話しかけていました。生徒たちに対して嘘偽りのない笑顔で応対する先生の姿はまさに衝撃でした。その時、私の迷いは消えました。「隙だらけの先生を目指そう」と。

　そして、あれから約28年。現在は、あの時の気持ちを持ったまま、鹿児島国際大学で障害者支援を学ぶ学生の教育と特別支援教育の研究に携わっています。

2022年5月　松元泰英

かゆいところに手が届く
重度重複障害児教育

2022 年 6 月 20 日　初版第 1 刷発行
2024 年 4 月 5 日　初版第 2 刷発行

■　著　　　松元　泰英
■発行者　　加藤　勝博
■発行所　　株式会社 ジアース教育新社
　　　　　　〒 101-0054　東京都千代田区神田錦町 1-23　宗保第 2 ビル
　　　　　　TEL：03-5282-7183　FAX：03-5282-7892
　　　　　　E-mail：info@kyoikushinsha.co.jp
　　　　　　URL：https://www.kyoikushinsha.co.jp/

■イラスト　さめしま　ことえ
■表紙デザイン　小林峰子
■印刷・製本　アベイズム株式会社
○定価は表紙に表示してあります。
○乱丁・落丁はお取り替えいたします。（禁無断転載）
Printed in Japan
ISBN978-4-86371-630-8

松元泰英先生の本

ISBN978-4-86371-332-1
B5判／186頁
2015年11月発行
本体2,200円＋税

医師や理学療法士、作業療法士などの専門家との連携で困らないために、肢体不自由教育の現場で必要とされる医療用語を豊富なイラスト、写真を使ってやさしく、かつ簡潔に解説する。「解剖学的内容」「摂食指導」「医療的ケア」「疾患」「一般用語」と5つの章に分けて掲載。便利な索引付き。

ISBN978-4-86371-468-7
B5判／168頁
2018年6月発行
本体2,200円＋税

医学博士・言語聴覚士である筆者が、特別支援学校での22年間の教員経験を生かし書き下ろした重度重複障害児教育の入門書。"この一冊を読めば何とかなる"をコンセプトに、教員が指導を進める上で知っておきたいこと、大切なことをまとめた。外部専門家や保護者との連携に関するヒントも満載。